国際金融アナリスト
大井幸子

お金を増やしたいなら、これだけやりなさい！

フォレスト出版

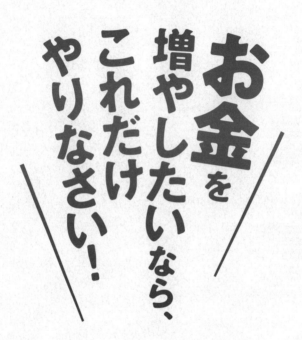

投資にまだ抵抗があるあなたへ……

NISA《ニーサ》（少額投資非課税制度）やiDeCo《イデコ》（個人型確定拠出年金）がスタートし、
投資をスタートする人が増えています。

でも、まだまだ「怖い」「損するんじゃないの？」と
思っている人も多いでしょう。

本書では、「分散・積立・長期」で、
貯金よりも増える、
「減らさず、増やす」投資についてお話しします。

私が研究した、どの資産をどの割合で購入すれば、
最もリスクを抑えつつ、安定したリターンを得ることができるかは、
次の通りです。

「外国株式」30%

「外国債券」10%

「国内株式」20%

「国内債券」30%

「金《きん》」10%

私は長年ウォール街で大口の機関投資家向けにビジネスをしてきました。
最新のウォール街のテクニックを家庭の主婦でも実践できるように記したのがこの本です。

日本の個人投資家の中には、
「ランダムウォーク」を信奉する人が多くいますが、
これは40年前の理論であり、
すでに米国の個人投資家に広く実践されています。
一方、機関投資家のプロの世界では、
今は「ノン・ランダムウォーク」が主流になっています。
ヘッジファンドのように相場動向とは
相関性を持たずに絶対値収益を狙《ねら》う新しい理論です。

はじめて投資を始める方でしたら、証券口座を開くところから、

毎月いくら、どの金融商品を購入したらいいか、

すぐに実践できるところまでお伝えします。

すでに投資を始めている方であれば、

今のあなたのポートフォリオに、何を足していけば、

最強のポートフォリオになるのか、知ることができるでしょう。

「お金のことなんて勉強するのも面倒！　でもお金は増やしたい！」という方は、

はじめから最後まで、読み通す必要はありません。

増やすやり方だけを真似《まね》てください。

あなたにとって必要なところを熟読し、ぜひ、実践してください。

はじめに

この本を手にしてくださったあなたは、「これだけやればお金が増えるなんて本当？」「そんな簡単にできるのかな？」「増えるっていってもどの程度かしら？」「胡散臭《うさんくさ》いことじゃないといいけど」などなど、さまざまな思いをお持ちだと思います。

まず、これだけやればお金が増える、というのは**本当**です。

私が今回あなたにご提案したいのは、今この地球上で、一番手堅くお金が貯まって、自動的にお金が増えていくシステムです。そのシステムを自分でつくってしまえば、**月イチ程度のチェックで楽々お金が増えていく**次元に運ばれていきます。しかも、そのシステムはパソコンさえあれば簡単につくれるものなのです！

「なんだか、あやしいなあ……」と思っている人もいらっしゃるでしょう。
種明かしをしましょう。そのシステムとは、「積立投資の口座をつくって、資産運用をすること」です。

「投資」と聞いたとたん、眉間《みけん》にしわを寄せている人もいそうですね。その気持ち、わかります。「投資」はとかくダーティーでブラックなイメージがあります。確かにお金は増えるかもしれないけれど、そのためには大きなリスクを背負わなければならない。イチかバチかのギャンブルと同じだから、近寄らないほうが賢明だと思っている方が多いのではないでしょうか。
でも安心してください。私は、そのくらいお金について慎重な方のほうが、この手堅い資産運用には向いていると思っています。

はじめにお伝えしておくと、資産運用にリスクは伴います。投資はどんな形であれリスクはつきものなのです。ただ、今回お伝えする資産運用のリスクは、イチかバチかという大やけどを覚悟するような大それたものではありません。極めて、地味で真《ま》面目《じめ》な投資法なのです。そして最も大切なことは、たとえリスクをとってでも、今資産運用を始めたほうがいい理由があるからこそ、私はこの本を書くことに決めました。それは時代の流れや経済の状況が大きく影響しています。

低金利時代でこれまで通り銀行に貯金だけしていてもお金は増えません。

日本は「少子高齢化」が急速に進んで、現役世代が減り、年金生活者を支えることが難しくなってきています。自分たちの老後の生活費を年金だけに頼るのは難しそう……。そんな時代に私たちは生きているのです。

そんな時代でも、人生を歩んでいけば、結婚、マイホーム購入、子どもの教育、老後といったお金のかかるイベントは待ち受けています。

それに対して、私たちに何ができるかといえば、お金を増やして自分で自分の人生を守る備えをつくることなのです。

通常、私たちがお金を増やそうと考えたら、副業や兼業をたくさんして仕事を増やそうとか、給料のよい会社に転職しようとか、節約しようとなると思います。

この時代、年を重ねてもできるだけ働き続けて、少しでも収入を得ることは大切だと思いますし、高いサラリーを求めて転職にチャレンジするのも悪くないと思います。ただ、それだけで事足りるでしょうか。たとえば、老後の資金は一般的に3000万円必要だといわれます。これは、60歳以降、年金以外の収入がなくなった際に、年金だけではまかないきれないぶんを指しています。一説には、3000万円では足りず、8000万円、1億円ともいわれます。実際は、どのような生活レベルを求めるかによって金額は異なるでしょう。60歳以降も働きつづけて収入を得れば、老後資金が少なくてすむことも考えられます。

ただ、将来のことは誰にもわかりません。肉体的には誰しも衰えていきますから、若いときと同じように働くことは難しい場合が多く、収入は減ると考えるのが自然です。そのための資金準備をあなたはしているでしょうか？　老後を考える前に、さまざまなライフイベントにお金を用意する必要だってあるのです。

「お金の問題は、なんとかなるさ」と言ったりします。でもそれは、それぞれの立場でなんとかしているから、なんとかなるわけです。無職になっても仕事を見つけてなんとかなるとか、家や土地などお金になるものを売ってなんとかなる場合もあるでしょう。金策に駆けずり回って土壇場でなんとかなっているようなドラマチックな人生が好みであれば、風の吹くままの暮らしでもいいかもしれません。でも、それはあなたの本当の望みでしょうか。贅沢《ぜいたく》はしなくても、年に1回くらいは旅行に行きたいとか、子どもが望む教育を受けさせてあげたいとか、万が一のことがあっても家族を守って、穏やかに暮らしたいと思うなら、やはりお金はないよりあったほうがいいのではないでしょうか。

資産運用というのも、ある意味、お金をなんとかする方法のひとつです。しかも、**あなたの代わりに寝ている間もお金が働いてくれてお金を増やしてくれる**、たいへん便利なものなのです。

投資というと、株の値動きを四六時中気にしていなければいけないと思うかもしれませんが、そういう投資ばかりではありません。

資産運用の手法には、たくさんの種類があります。個人でもできるメジャーなものだけでも、株式投資、不動産投資、個人向け国債、投資信託など複数が挙げられますが、それらすべてを資産運用として一括りにして考察するのは、無理があるのです。

資産運用と聞いて一番最初にイメージするものは、「株式投資」かもしれませんが、この株式投資というのは非常に奥が深く、とてもハードルが高い手法です。確実に儲《もう》けようと思うと高い専門性や知識、また投資にかける時間も必要になります。

株に関する専門知識やノウハウがなく、かつ、会社勤めも子育てもと忙しい方が、四季報や日々目まぐるしく変わるチャートを見つめながら運用していくことは、ほとんど不可能でしょう。

そういったものに安易に手を出して、「上がったり下がったり」ということに一喜一憂するのはまさしく賭《か》け事、ギャンブルと一緒ですし、専門家以外に私はおすすめしません。

ただ、知識やノウハウという側面で比較的ハードルが低く、月に1回だけケアしてあげればオッケーな投資というものもあるのです。それが、今回私がお伝えしたいインデックス投資による長期分散の資産運用です。

日本人はもっと裕福になっていい

ここで私自身のことについて、少しお話しさせてください。私はもともと、ニューヨークで20年近く、機関投資家の大きな資金を株式や債券、ヘッジファンドやプライベート・エクイティ・ファンドに分散して運用を行うビジネスをしてきました。現在のように、一般の方に向けて広く投資助言業務を行い始めたのは２０１５年からです。

というのも、２００７年に帰国してスイス系銀行の取締役をしていた頃、日本はバブル崩壊後すでに20年近く経済は低迷していて、先行き不安がはびこっていた。それにもかかわらず、日本人は投資はもとよりお金に対する知識が低く、関心も薄いということにたいへんショックを受けたのです。日本は「経済大国」ともいわれて久しいですが、ことお金に関して、庶民は無関心という不思議なことになっています。

今現在の日本はインフラが整っており、安心安全で、世界有数の暮らしやすい国です。いいところがたくさんあります。ただこの先はわかりません。

一人ひとりが自分のお金を守り、育てるという意識がないと、この先日本人はどうなってしまうのか。とても複雑な気持ちになりました。勤勉で優秀な日本人は、もっと経済的に報われてもいいはずだ、という思いもあります。

こうしたことから、一般の方に金融をもっと身近に感じていただき、**金融を味方につけることでもっと自由で豊かな人生を自分の足で歩んでいく**方法を伝えたいという思いが強くなっていったのです。

金融と言っても難しく考える必要はありません。「お金を融通する」ことですから、必要なときに必要なお金を調達できれば困ることはありません。

とくに女性にはこの点を強く、伝えたいのです。今は共稼ぎは当たり前。働く女性が増えてきたことで、女性も社会人として自立して生き得るためにはある程度の軍資金が必要ですし、結婚、出産を当たり前のライフプランとして「女性としての幸せ」

を享受するためには、男性に頼ってばかりもいられません。女性が自由になってお金と力を持つようになればなるほど、悪い男も寄ってくるものです。これからは、いつパートナーと離婚しても、あるいは死別しても、自分で生活できるくらいの経済的な余力は必要です。

また、日本において個人投資家の立場というのは非常に弱く、正しい情報が十分に提供されていない状況を知り、どうにかしたいと考えるようにもなりました。

そこで考え出したのが**「じぶんちポートフォリオ」**というものです。

「ポートフォリオ」とは、自分の資産のいろいろ、預貯金、不動産、株式、債券といったものがひとつに入ったバスケットのようなものとイメージしてみてください。

「じぶんちポートフォリオ」は、金融商品を売る側に振り回されることなく自分で選び、自分にとって**本当の意味で安全に人生に必要な資産を運用、形成していく**ことを目的にしています。パソコンに「じぶんちポートフォリオ」のデータをつくってアクセスすれば、いつでもどこでも一目で自分の資産状況がわかるツールです。一人ひとりが主体的にお金と関わり、資産運用に日常的に励むことは、人生の可能性をさらに切り開くきっかけになると考えています。

個人レベルで資産を形成できたなら、35年の住宅ローンや、わずかな年金のために会社にしがみつく必要もありません。資産運用は、人生の選択肢を広げるチャンスを自ら創り出すことができるのです。

今こそ資産運用の「始めどき」

私が「じぶんちポートフォリオ」の考えを持ったのは、6、7年ほど前になります。そのとき、なぜすぐに形にならなかったのかというと、自分でリスクをコントロールしながら資産形成をしていく「じぶんちポートフォリオ」には、長期で分散投資をし、資産を運用する手法が欠かせないのに、個人で使えるルールがなかったのです。わずか5年前まで、日本では個人投資家が分散投資のために金融商品を買うことは、たやすいことではありませんでした。証券会社や銀行にそういったシステム自体がほぼなく、あっても金融のプロ向けで、少額では実際の投資がままならなかったのです。

ところが、NISA（少額投資非課税制度）やiDeCo（個人型確定拠出年金）という政府主導の非課税の投資制度が誕生したことで、その扉は一気に開かれました。

証券会社などの金融機関が、あらかじめ分散投資ができるパッケージ化されたインデックスファンドやETF（上場投資信託）という金融商品を積極的に売り出しはじめた。しかも、口座を持てば、かなり自動化された手順で毎月継続的に決められた金額を投資できるようにもなった。**ここ数年で、安全で堅実な長期投資ができるお膳立てが見事に揃《そろ》った**のです。

そういう意味でも、今は資産運用の「始めどき」としてぴったりなのですね。

そろそろ「じゃあ資産運用って、何をどうすればいいの？」という声が聞こえてきそうです。

本書は、資産運用がはじめてだという方にも、できるだけわかりやすく金融の基本からお伝えしようと思います。すでに、インデックスファンドだの、分散投資だの、という金融用語を出してしまいましたので、「それって何？」と、頭の中がクエスチョンマークでいっぱいになっている方もいらっしゃいますよね。まったく知識がないとしても、読み進めるうちに理解が深まるよう工夫していますので、安心してください。

「投資は怖い」と食わず嫌いになってしまっているのは、ただ金融の知識を知らないだけだったりすることもとても多いのです。知識を得るうちに、早く口座を開きたくてうずうずしてくるかもしれませんよ。

自分のお金を守りながら、増やしていく、堅実な資金運用を早速私と一緒にスタートしましょう。あなたや家族が経済的な不安を抱えることなく、可能性に満ちた幸福な人生を歩んでいかれることを心から応援しています。

国際金融アナリスト　大井幸子

ミホの懺悔

投資よ、ごめんなさい。誤解していました。

わたしが投資に興味を持ったのは、今から約2年前のことです。きっかけは、誕生月に送られてくる「ねんきん定期便」でした。ねんきん定期便には、自分がこのまま国民年金を支払い続けていくと、65歳から年金を年間いくらもらえるのかが書かれています。

まあその額の少ないことといったら！　想像はしていましたが、クラッときました。全身脱力とはこのこと。今まで見て見ぬふりをしていた自分がいけないのですが、このままでは本気でマズイとなったわけです。

そこで、年金に上乗せする術をいろいろ調べてみました。すると、「付加年金」「小規模企業共済」「個人年金保険」など、多岐にわたる方法があることを知り、「iDeCo」という存在も、はじめて知ることになりました。

わたしの心は、小規模企業共済と、iDeCoの間で揺れました。

両者とも節税しながら、将来の年金や退職金を積み立てるもので、掛け金が全額所得控除になるとか、運用益が非課税とか、受取方法が公的年金等か退職金扱いになるなど、共通点が多かったためです。

でも結局、どちらにも入りませんでした。そして「貯金を増やそう♡」という、ウルトラ安全パイに落ち着いてしまったのです。

なぜ当時決断に至らなかったといえば、両者の利回りの違いです。小規模企業共済は、1〜1・4％の利回り、iDeCoは5％以上の利回りが当然、14％という商品もあったりして、その差は歴然。iDeCoは圧倒的なハイスペックではありませんか！　小規模企業共済だって、iDeCoと同じように行政が関わっている制度なのに、この差はなんなの？　そんなうまい話あるわけない。ｉＤｅＣｏは投資だし裏があるのかもしれない。怖い怖い！　となってしまったのです。

金融や投資について、とにかく無知だったために、パンフレットの説明文を読んでもちんぷんかんぷんで、何がなんだかよくわからなかったせいもあります。

このたび、ご縁があっても金融のエキスパートである大井幸子先生と川瀬紳太郎さんの投資塾に参加して、目からウロコが落ちまくりでした。

投資よ、ごめんなさい。誤解していました。よく知らないのに悪者扱いばかりして、本当に申し訳ありませんでした。

資産運用というと、「株（個別銘柄）」「不動産」みたいなイメージしかありませんでしたが、実際はわたしのようなド素人ができるものもある、懐が深い世界でした。

大井先生と川瀬さんの話を聞いていると、投資に対する先入観や恐怖感が薄皮をはぐように消えさり、大げさではなく、未来が希望に満ち溢《あふ》れてワクワク。順調に積立投資をした先には、お金の不安なんて1ミリもなく、家族やペットと笑顔でのびのび暮らす自分を想像してニヤニヤ……。

「これならわたしにもできる！」「早くやらなければ――！」

投資塾の翌日、SBI証券に早速口座を開設したのは言うまでもありません。

個人的に、先立つお金よりも、老後資金が一番心配の種で、NISAもやるつもりだけど、iDeCoに多めに積み立てを始めることに決めました。


本書でもご紹介する大井先生の投資術は、長期的スパンで見ていくことが前提なので、小規模企業共済の予定利回りを下回るようなことは想定しにくいのではないかなど、金融の知識を得て、投資の仕組みを知ることで腑《ふ》に落ちたことも行動に移す後押しとなりました（ちなみに小規模企業共済は共済だから、助け合い精神で共済金の支払いを確実に行わないといけない。したがってその運用は安全性を重視するために、国内債券がほとんどだから、運用リターンが低い、ということが今であればわかります）。

シンプルに100万円の資金があれば、**ほったらかしておいても、年7％ほどの**

利回りで10年で倍になるというのは、やはり魅力的です。

ただ、わたしが長期の資産運用っていいなと思ったのは、お金が増えるということだけではありません。

どんな人でもできる。しかも自分で増やすことができる。しかも、値が上がったり下がったりを気にしてしまうような無理な感じがない、ストレスフリーということです。

月の積立額を自由に決めて、1万円くらいの少額からできる積立投資は、すでに元手はかからないことの証明ですし、投資は特権階級のものではないのです。パソコンやスマホがあれば、誰でも少しずつ自分の温度に合わせて安全に運用していけるシステムが揃っていることが、本当にすばらしいと思います。

わたしはフリーランスで働いており国民年金加入者なので、年金の少なさに驚愕《きょうがく》したことがｉＤｅＣｏなど投資に興味を持ったきっかけになりましたが、お勤めの方も厚生年金に入っているからといって、安心できません。

よけいなお世話かもしれませんが、**「いつまでもあると思うな、年金と退職金」**と声を大にして申し上げておきたいです。

そのあたりのことも、本書では言及してくださっていますので、それぞれに有意義な投資ライフをスタートしていただければと思います。

ミホこと、ライター　林美穂

目次

第2章 日本のインデックス投資は40年遅れている！

第3章 人生100年時代、お金との賢い付き合い方

第4章 NISAとiDeCoをフル活用しよう！

登場人物紹介

ミホ

フリーランスのライター。
アラフォーの独身。
数字が苦手で、お金のことも
ずっと不安だったが、
将来を考え、一念発起し、
投資を始める。

大井先生

20年近くウォール街の投資銀行で
キャリアを積んだお金の超プロ。
投資初心者のミホに、
ウォール街の最新テクニックを搭載した
お金の運用方法を伝授する。

川瀬さん

かつて投資で痛い目を見た過去を持つ。
自身の経験をもとに、安心安全な投資を
多くの人に知ってもらいたいと
大井先生とともに活動している。

第1章

お金の不安がゼロになる！ストレスフリーな資産運用

はい
ミホ
アラフォーで
独身
では
そのように
明日
打ち合わせに
うかがいます
フリーランスの
ライターです
誕生月には
毎年コレが
来るんだよね…
また一つ
トシをとった…
ねんきん
定期便です
≡≡≡≡≡≡様
ふだんは
見てないけど
いくらぐらいに
なるんだ?
トホホ
こっ…
これだけ…?
これじゃ
生活して
いけないいじゃん!
どっ
どうしよう
このままだと
私の未来って
おばーちゃんに
なっても
必死で働かなきゃ
いけないってこと!?
独身
フリーランス
保障ナシ
やばすぎる

せめて今からでも勉強しないと
でもお金のこととか全くわかんないし
大井幸子
へぇ…
〝はじめの一歩〟？
はじめの一歩セミナー
これなら初心者の私にもやさしそう…
とりあえず行ってみよう！
なんかコワかったら
そのまま帰ってくればいいし
みなさんはじめまして
大井幸子といいます
やさしそうな先生…
とりあえず
ほっ。。

ウォール街でバリキャリだった人みたいなのに
柔らかい物腰カンペキな女性だなあ…
でははじめに
えーと…
先生
今日の資料はこちらです
カンペキ…でもなかったりして
さて
コホン
投資というと
皆さん
株の動きを四六時中気にしなければいけないものと思っていませんか？
デイトレーダーとか？
ですが投資とはそういうものばかりではありません
相場の動きに一喜一憂するのはギャンブルのようなもの
専門家以外には私はお勧めしません

その一方で比較的ハードルが低く
月に一回決められたことをやるだけでOKな投資もあるんです
インデックス投資…？
それがインデックス投資というものをベースとした長期分散の資産運用です
それはもくじのインデックス
※こちらでは指数という意味です
日本では最近注目され始めたばかりですがアメリカでは40年前から当たり前でした
長くウォール街で仕事をしてきた経験から―
私はインデックス投資+αで手堅く安全にお金を増やす方法を皆さんにお勧めします

川瀬さん
過去10年の実績としては
年利6・86%を達成—
はい
元金100万円を年利6・86%で10年間
追加投資なしで運用した場合
194万円と約2倍です
100万
10年
200万
…ってコトは…
ほんとに?倍になるってコト?
投資は一部のおじさんのモノ…
そんなイメージがあるかもしれませんが
最近ではネットで株を購入したり
NISAなどの登場で普通の主婦でも挑戦しやすくなっています
一攫千金《いっかくせんきん》を狙うのではなく
しっかり着実に
新しいバッグや旅行の資金を目標にするくらい
普段はお金のコトを忘れているくらいが長続きのコツです
ストレスのない投資…

ズボラで
飽きっぽい
私でも
これなら
できるかも!!
10年後—
あ
お金
どうなってるかな
ワンワン
うんっ
順調
順調♡
お金の
不安が
なくなる
って…
仕事や生活にも
ゆとりが出てくる
ことなんだなあ…
あのとき決心した
自分を
ほめてあげたい!!
ワン
さて
ミホさんは
どうやってお金を
増やしていったのか?
これから具体的に
お話ししましょう

お金の不安が消えません……

お金の不安が頭から離れないがためにストレスを抱えているという人は非常に多いものです。

年金が貰《もら》えるかわからない、会社が潰《つぶ》れるかもしれない、リストラにあってローンが払えなくなるかもしれない、病気で働けなくなるかもしれない……。

「このままいくとどうなるの？」「このままでいいのかな？」というあなたの漠然とした不安は、手をこまねいていては解消されることは一生ありません。

不安というのは生きている限り何かとつきないものです。とりわけお金は人が生まれてから死ぬまで、一銭たりとも絡まないものはない。人生の中で占めるウエイトが高いものだからこそ、人は不安を感じやすいものなのでしょう。でも、それだけ重要なお金の問題から自由になれたらどんなにか幸せだろうと思いませんか？

経済的な不安や心配をできるだけ手放して、あなたの人生で欠かせないお金をいかに増やし、お金とどのように付き合っていくのか。それを明らかにするためにこの本はあります。

「世の中お金がすべてではない」とは言いますが、自分や家族、大切な人を守るにもお金が必要なときが多くあります。心配だけをして、何も行動しないというのは、その不安が現実化したとき、自分自身や大切な人を苦しめることになってしまうかもしれません。

早速本題に入りましょう。どうやってあなたのお金を増やしていくか、です。

投資は危険？

本書でお伝えするお金の増やし方の具体的な方法は、「資産運用」、ズバリ投資です。

投資に対して「リスクが大きい」「失敗したら怖い」「投げ銭だ」といったネガティブなイメージを持っている人は多いでしょう。「投資が好き」と言ったら、ギャンブル好きと変わらないというような好奇な目を向けられた人の話も聞いたことがあります。

「投資は所詮《しょせん》シロウトにはムリ」「投資するほどお金は持っていない」など、「そもそも難しいもので、まとまったお金がないとできない」と考えている人も少なくないと思います。

ところが時代は変わったのです！　長期で資産運用をしていく投資と、一発儲け

ようといった博打《ばくち》的なリスクの高い投資とは、別物だと考えてください。しかも、今は少額で投資ができるようになっています。**投資をするためにお金を貯める必要は一切ありません。**お洋服を1枚買ったり、ディナーに1回行くくらい気軽な金額から始められます。投資というより、どちらかというと、**貯金の感覚に近く、それに運用利益がついてくる**ので、銀行の普通貯金をしているより断然お得というイメージです。

現在、銀行の普通貯金は0・001％という超低金利です。100万円を1

年預けても10円しか利息がつきません。それで貯蓄が増えていくということはないということは、あなたも気づいているのではないでしょうか。でも、具体的にどうしたらいいかわからないのかもしれません。そういう人にこそ、この資金運用法はおすすめです。たとえば、毎月の貯蓄の半分でもＮＩＳＡ（少額投資非課税制度）やｉＤｅＣｏ（個人型確定拠出年金）といった税制上お得な制度に回し、長期の資産運用をすることで、無理なく安全にお金を増やすことができるのです。

　読みが外れて一瞬のうちに数十万、数百万というお金が消えてしまったとか、株が大暴落したというようなニュースの影響で「投資＝危ない」というイメージが植え付けられているのだと思いますが、ギャンブル性が高い一攫千金《いっかくせんきん》を狙《ねら》った投資法というのは、そもそも安定した資産形成には向いていませんし、本書でもすすめません。そのような危ない橋を渡らなくても、うれしいことに、**私たちの人生の可能性を広げてくれるような安全な資産運用**というものが始まっているのです。

資産運用＝新しい貯蓄スタイル

しかもやり方はとても簡単。ネットの証券会社に口座をつくり、毎月自動的に決まったお金が口座から引き落とされて、決まった金融商品を購入するように設定したら、**後はほったらかしで月イチ見直すくらいで大丈夫。**家賃や光熱費を銀行口座引き落としやクレジットカード決済に設定すると毎月引き落とされていきますが、まさしくそのような感じで、銀行の定期貯金や財形貯蓄をしているのと感覚的にはさほど変わらずに、お金が貯まっていきます。

違うところといえば、銀行の預貯金の利息は低く、どの銀行を選んでも、現在はどんぐりの背比べ状態というところです。一方、投資のほうは、金融商品、金融機関によって利息にあたるリターン（運用利益）というのが大きく違います。リターンに対し、確かにリスクはつきものですが、それさえも自分でちゃんとコントロールしていけば、恐れるほどのものではありません。そのコントロールの仕方も、本書でしっかりお伝えします。つまり、自分の運用次第で、どんどん実りを大きくできる。ある意味これは、新しい貯蓄スタイルといっていいでしょう。

投資といったら、相場を読むとか、マーケットを意識しなければならないと思うかもしれませんが、それを知らないとしても、コツコツと貯蓄をするように増やす長期資産運用にはさほど影響しません。

今日、明日のマーケットを予想し、細かく売り買いをするというのは、プロの投資家でもない限り、一般の個人投資家にとって、ましてこの本ではじめて投資を始める人にとっては難しいことだと思います。そういった勉強が好きな人はしていただいてもちろん結構なのですが、そういったことにあまり興味がない人でも、これまでまったく金融に縁がなく、むしろ苦手と思っている人でも、**本書でお伝えする金融の基本知識を押さえていただければ、確実に資産運用を成功させていけるでしょう。**

ぶっちゃけ、どれくらいお金が増えるの？

では、なぜ投資でお金が増えていくのか。お金が増えるといってもどれくらい貯めることができるのか、気になりますよね。

とにかくスタートして、コツコツ続けると、その**積立金と時間が「複利」というマジック効果を発揮し、「お金がお金を生むようになる」**というメカニズムがお金の仕組みとして存在します。「複利効果」と呼ばれるものです。これは机上の空論でも私の妄想でもなく、古くからある金融の基本の考え方のひとつです。

たとえば、毎月3万円を30年間にわたって積立投資をしたら、投資金額は、3万円×12カ月×30年＝1080万円になります。詳しい複利の計算は74ページから説明しますが、年5％で運用していたとすると、約2500万円になります。1420万円以上、なんと**2倍以上増える**わけです。

30年先って、気が遠くなるほど先だと思う人もいるかもしれませんが、今35歳の人であれば、65歳。老後のお金が心配なのであれば、それほど非現実的な未来ではないのではないでしょうか。もし、**たった1％のリターンで運用したとしても、180万円違って**きます。

35歳、月3万円で30年後に2500万円目標！

リターンがどれくらいかによって、利益は異なってくるわけですが、そこにはリスクも絡んできます。私が理想とする、毎日穏やかな心で、勝った負けたを一切心配せず長く投資を続けるという観点からですと、今のところ**月5〜7％のリターンで運用していく**ことがベストだという答えになりました（86ページ）。35歳の人が、毎月3万円を貯金するつもりで積立投資していけば、2500万円、老後の生活に備えることができる計算です。

ある意味、投資をするかどうかよりも、変わらずコツコツ貯められるかどうかのほうが大事ともいえます。

あなたは知らないだけで損しているかもしれない

「お金がもっとあればいいのになあ」という願いは、誰もが一度は思うことですよね。その願いに対し、あなたはどんなことをしてきたでしょうか。

20代は若さと勢いで「今」を大事にしながら生活していればよかったかもしれませんが、30代、40代になってくるとそうも言っていられなくなる人が多いと思います。結婚して家族ができたりすればなおさらでしょう。そのとき、多くの人は収入アップ、節約、貯蓄の3つまでは考えるのです。

日本人の貯蓄好きはよく知られるところで、「稼いで、貯める」という発想は多くの人が持っています。ただ「稼いで、貯める」だけでは、このご時世には足りません。「稼いで、貯めて、増やす」ということを実践していかないと、人生１００年時代と言われる今、正直なところどうなってしまうかわかりません。「私はそんなに長生きしない」と思っている人も寿命ばかりはわかりませんよね。万が一、１００歳まで生きるとしたら、と仮定してみてください。会社を退職する60～65歳以降の約30年余り、あなたはどうやって生活しますか？

脅かすつもりはないのですが、「一億総中流社会」と言われていた貧富の差が少ない日本社会はすでに過去のものです。

バブル経済がはじけ、日本は長い不況のトンネルに入っていきました。それでも、日本人は「一億総中流社会」という刷り込みがあったので、多少生活が苦しくなっても、「どうにかなる」。**公的年金の支給額が減らされ、受給年齢が引き上げられた**今でも、まだ「どうにかなる」と思っているか、このままだとマズイかもしれないと感じながら、具体的にどうしたらいいかわからない、という人も多いかもしれません。

日本人全般の金融への関心の低さには、いくつかの理由があるでしょう。親から「無駄遣いはダメ」とか、「貯金をしなさい」などと言われたことはあっても、世の中のお金の仕組みや金融商品の扱い方、自分のお金とインフレなどの社会経済との関係など、具体的なことは、誰も教えてくれないというのが日本の教育の実情です。なぜなら、そもそもほとんどの親や学校の先生たちもお金の仕組みがよくわかっていない。金融というのは非常に専門的な扱いをされている難しいものとみなされています。だから、大多数の日本人は自分のお金の管理ができていなかったりします。高給取りでも破産寸前になってしまったり、金融の知識がないために知らないことで損をしていたり、騙《だま》されていることもあるかもしれないのです。

税金が優遇される制度、適切な保険の選び方など、**資産形成のために知っておいたほうがいいことはたくさんあります。**あなたは知らないだけで、損していることもあるかもしれないのです。

お金は人生の血液

目の前の生活のことで精いっぱいで、先々のことまで考えられないという人もいるでしょう。日本には「貧すれば鈍する」という古い諺《ことわざ》があります。どんなに才能や人徳がある人でも、生活に困るような状態ではその才能を発揮できない、という意味です。鈍することになってしまうのは自分かもしれないし、家族かもしれない。目の前の生活が大変なときこそ、お金のことを考えるべきなのです。

お金というのは、血液のようなものだと私は常々思っています。いつまでも健康でいるためには、体にきれいな血液がいつも十分に供給されて血液循環がよいことが欠かせません。「お金の健康」も同様で、貧血がひどくお金の流れが止まってしまえばすべての活動がストップしてしまいます。

今自分が将来に不安を抱えている未病《みびょう》のような状態ならば、早めに予防して血液の循環をよくすることで、**未来に向けて自分の経済状況を好転させていく**ことができます。

あなたはどのような人生を送りたいのでしょうか。そのために必要な「資産運用」を今すぐに始めていきましょう。

第2章

日本のインデックス投資は40年遅れている！

なんかやる気がでてきた！
よっしゃー
さっそく口座を開設して…
ちょっと待って!!
わあっ
おっ大井先生！どこから・・
その前に
まずは投資の基本をしっかりお話ししておきましょう
ミホさん
〝すっごく身近な投資法〟って何だかわかる？
ミホさんもやったことあるはず
？
株？
不動産？
やったことないですが…
実は宝くじなんです
宝くじ？

はずれ
あたり
宝くじは多くのはずれくじから当選者にお金が移動する仕組みですよね
投資というか…〃投機〃の一種で
少額から買えて娯楽性がありますが
数十万円も買い込む人も中にはいます
ただ資産運用としては正直あてにできませんよね
当選率は低いです
そこで
あらゆる投資法の中で安全かつ確実に資産を増やすのに適しているのは
インデックス投資！というわけです
でた!!
インデックス投資とはマーケットの指数に連動していて
機械的に運用するパッシブ運用です
アクティブ運用と違って手数料が低くー
ファンドマネージャーなど人を介する運用
まあ…少しずつお話ししましょう
〃手数料が安い〃だけはわかりました！

ストレスフリーな資産運用の鉄板セオリー

私がおすすめしたいのは、大事なお金を少しずつ積み立てて運用し、長い目で増やし守っていくことです。少しずつわかっていただけているでしょうか。

ここから実践です。

安心安全でストレスフリーな資産運用の鉄板セオリーは、以下の3つを死守することです！

- **手数料（購入手数料、信託報酬、税金も！）をできるだけ下げる**
- **分散投資をする**
- **長期運用をする**

はじめて投資をする人は、どんな商品を選べばいいか想像がつかないと思いますが、この3つが揃っていることが絶対条件になります。なぜこの3つが大切なのか、説明していきましょう。

投資とは何か?

ほとんどの日本人がやったことがある投資が何かわかりますか?

それは、**宝くじ**です。投資どころか、投機と言ってもいいでしょう。

宝くじは多くの外れくじから当選者にお金が移転する仕組みです。小さな紙きれをめぐって勝ち組と負け組が悲喜こもごもの物語を展開し、時には1億円以上ものお金を手にすることもできます。リスクはくじ代に限定され、娯楽的ではありますが、数十万円と資金を投入する人も中にはいます。当選率は極めて低いもの。資産運用としては、正直あてにできません。

投資は、宝くじのような投機と異なり、リスクを計算してリターンを高める行為です。一か八かとか、丁か半かというのは、投機に近いのです。

さて、投資というと、株から、不動産まで投資対象は実にたくさんあります。では、あらゆる投資法の中で安全で確実に資産を増やすために、どれがわかりやすいかといえば、中でも**インデックス運用を行う投資信託やＥＴＦ（上場投資信託）**が個人投資家には適しています。

投資信託とは何か？

投資信託とは、投資家から集めたお金をまとめて運用し、運用益を投資家に還元する（損失が出ればそのぶん投資家も損失を被《こうむ》ります）という金融商品です。ＥＴＦとは投資信託を東証などに上場して、市場で取引できるようにしたものです。投資信託にはたくさんの種類があり、毎月1万円ずつなど、**少額で世界中の株式や債券などに分散投資**できます。**コツコツと長期にわたり積立投資**ができるため、資産形成に向いています。NISAでは投資信託やETF、iDeCoでは投資信託に投資します。

投資信託の運用法は、大きくパッシブ運用（インデックス運用）とアクティブ運用の2種類に分けられます。

ニュース番組の最後のほうでキャスターが、日経平均株価、TOPIX（東証株価指数）、NYダウ平均株価など、その日のマーケットの値動き、つまり指数を早口でアナウンスしているのを聞いたことがある人は多いと思います。

インデックス運用のインデックスとは、まさしくマーケットの「指数」の意味です。インデックスファンドとは、市場の指数をベンチマーク（運用の目安目標）として連動している金融商品ということです。目標とする指数と同じ銘柄を機械的に組み入れて運用を行っています。

たとえば、日経平均株価というのは、日経新聞社が選んだ東証一部上場企業の中の225銘柄の平均値を表しています。日経平均株価に連動したインデックスファンドの商品というのは、その225銘柄の平均に連動するように、銘柄が機械的に選ばれてつくられたものなのです。

一方、アクティブ運用は、市場指数を上回って利益を出すことを目標としているファンドのことで、一般的にファンドマネージャーという投資のプロが運用を行っているファンドを指します。

投資のプロが運用してくれるアクティブ運用のほうが儲《もう》かるんじゃないかと思うかもしれませんが、**パッシブは機械的な運用をしているので、人を介した運用方法に比べて手数料が安くてすみます。**そのおかげでアクティブ運用より利益が出ることもあったりします。もちろんアクティブ運用がうまくいけば、大きな利益を生むこともありますが、反対に大きな損失を生むこともあります。そこは諸刃《もろは》の剣《つるぎ》です。

初心者の方は、パッシブ運用から始めたほうがよいでしょう。

アクティブファンドの成績は運用マネージャーの力次第のところが大きいため、戦略や運用体制はどうか、実績は十分か? ベンチマークは超えられているのか? それはコストに見合っているか? マネージャーに入れ替わりはないか? など気にするべき点が多いのです。アクティブファンドのよし悪《あ》しが本当にわかる時点で、中級者以上です。

ただし、いざ商品を買おうとしたとき、インデックスファンドもアクティブファンドも商品一覧には同じように並んでいてわかりにくいのが厄介なところです。

見極め方のひとつとして、インデックスファンドは、ファンド概要のところに明確に、「なんのインデックスに連動しているか」ということが書かれています。TOPIXなら、「TOPIXに連動」。NYダウなら、「NYダウに連動」という文脈があったらインデックスファンドです。

なぜ長期運用が大切なのか？

インデックスファンドは、マーケットの指数と連動した平均値を歩みますから、ドカッと儲かるようなことは確かにありません。ですから、元本をコツコツ積み上げることの資産形成の影響が大きく、数十年という長期で保有していくことが大切なのです。

その間、たとえマーケットで株が大暴落しようともじっとがまんの子でほうっておく。**ほうっておくことも、資産を増やすテクニックのひとつ**です。

投資信託・ETFは手数料の安い証券会社で買いましょう

では、投資信託・ＥＴＦをどこで購入できるかというと、証券会社と、銀行の２カ所で購入が可能です。それらの金融機関に口座を持つことは必須《ひっす》条件になります。

おすすめしたいのが、証券会社、中でもネット証券のＳＢＩ証券か楽天証券です。その理由は、**手数料が断然お得で、金融商品のラインナップも充実**しているから。

とくにＳＢＩ証券は、海外ＥＴＦといって、海外の取引所に上場していて、海外の市場平均指数を元に運用されているＥＴＦの銘柄が約３００と豊富に揃っています。

資産分散のやり方（70ページ〜）で説明しますが、ごく簡単に言うと、海外ＥＴＦを購入し、自分のポートフォリオに入れることが利益を大幅に増やしていくうえでの鍵になります！

多くの人にとって銀行は生活の一部であり馴染《なじ》みが深く、大手となればなおさら信頼感が増して投資用の口座を開いてしまいそうになるかもしれませんが、現状、**銀行は一般的に購入手数料が高く、商品ラインナップも限られ**ていて、おすすめできません。すでに銀行に投資用の口座がある方は、長い目で見て、手数料の低い口座へ移管することを考えてみても損はないでしょう。

手数料を甘く見ない!

手数料の説明は私が
投資において手数料はバカになりません
とくに信託報酬において手数料は商品によって0・1～3%の差があるんです
0.1%?
3%…?
それくらい別に…
2000万円保有してる人だと
0・1%なら年に2万円…
1%だと20万円よ!
1年
20万円
きゃーー!
バ…バカにできませんね手数料!
…すっごくわかってくれたようでうれしいです
ブルブル!
証券会社のホームページはお世辞にもわかりやすいとはいえないので
102ページから僕が口座開設の流れを説明します
オス!
よろしくお願いします!

手数料を甘く見てはいけません！

長期の資産運用を考えるとき、手数料を甘く見ては絶対にいけません！

投資信託の手数料というのは、大きく分けて3つあります。購入手数料と信託報酬、信託財産留保額です。

購入手数料というのは、投資信託を購入する際にかかる販売手数料のことです。

信託報酬というのは、運用期間中を通してかかる口座維持費のようなもので、管理手数料といわれたりもします。

信託財産留保額は、これは投資信託を換金するときにかかる費用です。ファンドによって異なりますが、大体0～0・5%かかります。

どれも安いに越したことはないのですが、その違いが最も表れやすいのは、信託報酬です。

信託報酬は、商品によって0・1%くらいから3%くらいの開きがあります。例をあげると、信託報酬が1%で、100万円持っていたとしたら、年1万円分を支払うといった具合です。1000万円持っているとしたら、年10万円になります。

正確には、年に1回あなたの口座から引き落とされるわけではなく、保有している間、毎日少しずつ支払うことになります。そこが落とし穴です。毎日となると、1万円／365日で、1日27・3円くらい。「それくらい大したことない」なんて間違っても思わないこと。長期運用は20年、30年と続けることが前提です。しかも、正しく運用していけば、運用資金は2000万円、3000万円と大きくなることが予想できます。そこにも毎年1%かかっていくのですから、思いっきり利益が目減りしていくのがわかりますよね。

信託報酬が0・1%の人と1%の人を比べたら、同じ金融商品を買っていたとしても、0・9%も多く支払わねばなりません。2000万円保有しているとしたら、0・1%の人は2万円ですが、1%の人はなんと20万円です！　この違いはあなどれません。

また、信託報酬は、相場に関係ありません。資産運用のリスクとリターンはいつも不確実なものです。今年は7％のリターンがあったとしても、翌年のリターンはマイナス10％だったということもありえます。でも、リターンがよくても悪くても、信託報酬が1％なら1％必ず持っていかれてしまいます。つまり、**信託報酬は、確実な必要経費（コスト）**ということで、最初からきちんと低コストの商品を選ぶことが肝心なのです。

現在の日本は、さまざまな投資信託商品が生まれる競争の渦中にあります。どの金融機関も顧客の獲得に必死です。そのサービスの流れで手数料は下がる傾向にありますが、そのひとつとして、**ノーロードという購入手数料が無料のファンド**も多く出てきました。

投資信託の購入手数料は、各販売会社（証券会社や銀行）が自由に決めることができますから、同じ商品でも、購入手数料が異なる場合もあります。できるだけ安く購入したいなら、金融機関ごとの購入手数料をチェックし、ノーロードかどうかを確認してから買いましょう。

まとめ　手数料について

- ノーロード、購入手数料がかからないものを選ぶ。
- 信託報酬は絶対に低いものを選ぶ。
- ノーロードでも、信託報酬が高いものは選ばない。

分散投資をしたほうがいいわけ

続いて、分散投資について解説しましょう。

投資をするというと、株価が上がりそうな銘柄を調べて株を買うというイメージがある方も多いと思います。ヒイキの会社に集中して投資をするというのは、その企業の業績に強く影響を受けるため、いいときはいいのですが、業績が悪くなってしまうと会社とともに共倒れ、なんて可能性もあります。ですから、あらかじめいろいろな会社に投資をしておくことで、どれかがダメになったとしても受けるダメージを少なくする方法が分散投資です。**分散投資は、リスクを減らしてくれますが、収益を逃さない考え方**でもあります。

あなたが1000万円の資本を元に避暑地でアイスクリーム店を始めるとしましょう。そのとき、全額をアイスクリーム店に投資すると、晴れの日はいいかもしれませんが、悪天候の影響をまともに受けることになります。でも、アイスクリーム店と傘店の両方に半々ずつ投資すれば、雨の日は傘店が、晴れの日はアイスクリーム店が稼いでくれます。

このように、お互いの不調を補完しあうことで、収益や損益のブレが小さくなるのが分散投資なのです。

どうやって分散投資をすればいい？

ではどうやって分散投資をすればいいか。分散投資は大きく3つに分けられます。

❶インデックスファンドを買っていろいろな銘柄に分散投資をする
❷さまざまな資産のインデックスファンドを組み合わせて買うことで分散投資する

❸一度にドバッと資金を投入せず、月イチなど買うタイミングを分散して投資する

❶インデックスファンドを買っていろいろな銘柄に分散投資をする

実は、インデックスファンドを買うことがすでに分散投資になっています。

ひとつの箱にいろんな種類のチョコレートが入ったアソートセットというものがありますが、そのようなイメージで、インデックスファンドはいろいろな銘柄があらかじめひとつにパッケージ化されている金融商品なのです。それを購入すれば買った時点で、すでにさまざまな会社に分散して投資をしていることになります。

もう少し具体的にいうと、たとえば、TOPIX連動型のインデックスファンドをひとつ購入すれば、東証一部上場のあらゆる企業にバランスよく分散投資がなされるということです。

❷さまざまな資産のインデックスファンドを組み合わせて買うことで分散投資する

ではインデックスファンドならどれを買ってもいいのか、という疑問が生まれますね。実は、それこそが安心安全に利益を増やしていく資産運用の肝になります。

資産というのは、その特性によって、「現預金」「国内株式」「国内債券」「外国株式」「外国債券」「不動産」「商品・金」などに分けられます。簡単に言うと、あなたのお金を、株式や債券や金などいろいろな資産に変身させて保有することで、リスクを分散することが目的です。

先ほどのアイスクリーム屋さんと傘屋さんの話と同じ理論で、資産をすべて「株式」だけに投入していては、株式市場全体が値下がりしたときにはリスクを回避できませんし、利益も得られない。そこで、債券や金などの複数の資産に分けて投資しておくことで、損益を減らし、取れる利益はちゃんと取ると考えます。

さらに、国内の株式や債券に限らず、外国株式、外国債券などにもさらに分散させます。

いろいろな手を尽くしていかにリスクを減らし、リターンを生む資産分配をするか、それをアセットアロケーションと言います。アセットは「資産」、アロケーションは「配分」の意味です。アセットアロケーションこそが、資産運用の最も大切なところです（アセットアロケーションによる具体的な資産分配については108ページから後述しています）。

❸一度にドバッと資金を投入せず、月イチなど買うタイミングを分散して投資する

ファンドをいつ購入したらいいか？　購入する時期（タイミング）をずらすことも、リスクを軽減するうえで大切な投資方法のひとつになります。

元手の100万円を高値で一度に全部買うのと、底値で買うのでは損益がまったく違うことはわかりますね。もちろん、株価の最安値、いわゆる大底で全部買えれば一番よいのですが、それを見極めることはまず不可能でしょう。ですから、ファンドを購入するタイミングを分け、購入価格を引き下げることを狙います。これは「時間

分散」という考え方です。

時間分散の最も有名な考え方が「ドル・コスト平均法」という手法です。「毎月1万円」というように、同じ投資金額で積み立てるように買っていくのです。この方法だと、たとえば株価が高いときには少ししか買えませんが、株価が低くなっているときにはたくさん買うことができます。

時間を味方にすればするほど、複利効果でおいしい思いができる

時間を味方にして長期運用することは、時間分散によるリスクの軽減だけでなく、お金がお金を生む複利効果の恩恵を受け取るためにも欠かせません。

なぜ、マーケットが上がったり下がったりしても、**数十年ほったらかしておくだけ**

で利益を生むことができるのか。そこには複利効果のメカニズムが働くからとお伝えしました。ここで詳しく解説しましょう。

投資の世界をあまりご存じない方にしてみたら、それこそ眉唾物《まゆつばもの》で胡散臭いと思うかもしれません。ただこれは、車のアクセルを踏めば当然のごとく前に発進するのと同じくらい当たり前の法則なのです。

複利効果というのは、**運用で得た収益をふたたび投資することで、利息が利息を生んで膨らんでいく**効果です。

複利に対して、単利というものがあります。その2つを比べてみるとよくわかります。

単利は、元金のみが利息を生み出します。元金は当初のままずっと変わりません。利息も一定ですから、単純に元本に利息×運営期間を足し算したぶんだけ増えていきます。

複利は、生み出された利息を元金に加えることで、新たに増えた元金がさらなる利

複利効果＝お金はなぜ増えるのか？

・複利効果＝お金がお金を生む
・利子は時間を味方に、複利で資産が増殖

運用シミュレーション　元金：100万円

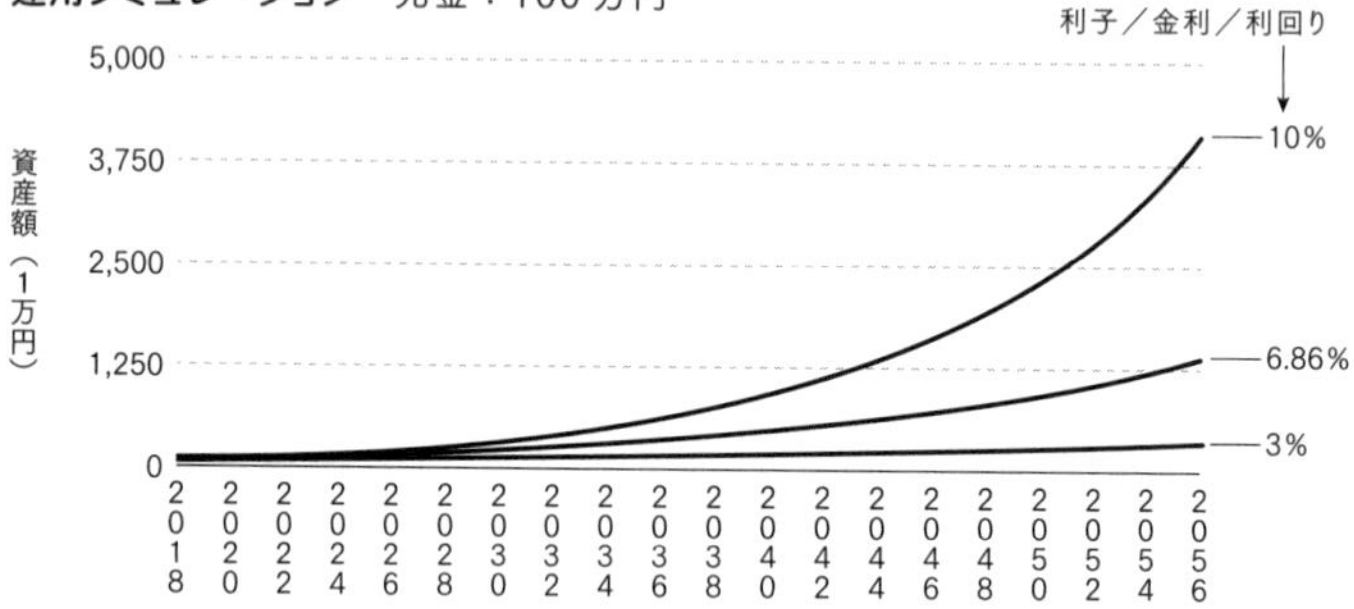

息を生み出していきます。つまり、元金も増えるし、利息もだんだん増えていくことになります。

単利が足し算で増えていくのに対し、複利は掛け算で増えていくのです。

先ほどの元金100万円を年利6・86％で10年間、追加投資なしで運用した場合の計算はこうなります。

・複利…100万円×（1+0・0686）の10年間（10乗）＝194万1564円

なんと元金100万円の場合、追加投資せずとも、年利6・86％で運用したら、その10年後、倍の約200万円の倍になるというイメージです。これは見過ごせないでしょう？

追加投資なしで、倍になる可能性があるのですから、月1万円でも2万円でも少しずつ追加投資をして貯蓄部分を増やせば、さらに利益が増えることがわかりますね。

なお複利の計算は、関数計算ができる電卓や、エクセルの表計算が便利です（カシオコンピューターの公式サイトで、無料で複利計算ができます。https://keisan.casio.jp）。

リスクは最小限に

うっわ〜
投資したお金がゼロになっちゃうんだ…
やっぱり投資ってコワい…
コインチェック事件
この事件は特殊だけどね
リスクについても知っておいたほうがいいわね
リスクのないところにリターンなしとはいうけれど
リスクを最小限に抑える努力はしなければ
そこで
ミドルリスク・ミドルリターン!!
株式の半分くらいのリスク
債券よりちょっと多めのリターン
コレを狙います!
おおっ
新しいコトバ!
100万円投資するとしてリーマンショックで
日経平均株価は50万円になったけど
ポートフォリオは75万円程度で下げとどまって約4年で戻るといった感じね
おー

リスクがないと、リターンは生まれない

金融商品を購入する場合、一番心配なのは購入時より解約時に価格が下がることではないでしょうか。元本割れです。投資信託にしても、個別株にしても、銀行の普通預金や定期預金と違い元本が保証されていないものがほとんどです。

それが怖くて投資を始めることに二の足を踏んでしまう人もいるでしょう。確かに、投資を行ううえで、リスクは必ずついて回ります。実際は、**リスクがないとリターンは生まれない**のです。

「リスク」とはこのような元本割れをするような、「危険性」についてのみを指すわけではありません。金融商品でいうところの「リスク」とは、株価や基準価額の「ブレ」の大きさ、「変動幅」や「ボラティリティ」と呼ばれるものを指します。リスクが小さいことを「変動幅が小さい」「ボラティリティが低い」、リスクが大きいことを

「変動幅が大きい」「ボラティリティが高い」と呼んだりします。

投資の世界で「ノーリスク」は、リターンの変動幅がないことを意味します。

では、なぜブレが発生するのか、その原因はさまざまなのですが、金融商品における代表的なリスクを簡単に説明しておきます。

❶信用リスク

株式や債券などの発行会社の経営状態が悪化したり、経営が破綻《はたん》したりすることで、金融商品に投資した元本や、利子の支払いが滞るリスクのことをいいます。

❷市場リスク（価格変動リスク）

価格が変動する金融商品は、売却したときの受取金額が当初支払った金額を上回る場合もあれば下回る場合もあります。株式や投資信託の価格変動は、企業の業績や景気の影響を受けるためです。私たちは金融商品を購入した瞬間から、市場のリスクにさらされるともいえます。

❸カントリーリスク

国内金融商品だけでなく、海外企業や債券などに投資範囲を広げた場合、購入先の経済状況や政策の変化によって金融商品にも影響を与えることがあります。

❹為替変動リスク

円以外の通貨を元本とする外貨建て金融商品を購入した場合に発生するリスクです。たとえば、購入時より円安になると円での手取り額が増え、逆に円高になると手取り額が減ります。

この4つのリスクが生じる原因は、実際、自分ではどうしようもありません。そもそも**リスクとリターンは鏡のようなもの**です。円安、ドル高の為替変動が例としてわかりやすいと思いますが、円高になると輸出銘柄に投資する日本の投資家は株価が下がるかもしれないと警戒しますが、アメリカの資産を買いにいく投資家は歓喜して投資に勢いをつけるといったように、一方がいいときは、一方がダメというような状況が往々にしてあります。ですから、気にしすぎても仕方がない部分もあるのです。

ただ、「こういったリスクがあるのだ」ということをある程度でも知っておけば、運用を始めたばかりの頃はピンとこないかもしれないけれど、数十年とやっていくうちに、自分の中に感覚として養われていきます。それに対するリスクヘッジをしたうえで運用していくことも可能になるでしょう。

「ミドルリスク・ミドルリターン」を目指そう

投資は一般的に、「ローリスク・ローリターン」か「ハイリスク・ハイリターン」といわれたりします。

なぜ資産運用をするのかといえば、資産を増やしていきたいからですよね。でも、この一般的な理論で考えると、高い収益を望むなら、やはりハイリスクを飲むという危険な橋を渡らなければならないのか、と思うでしょう。でも、それはしたくない。私はこれまで株で大儲けしたのもつかの間、数年のうちに大損して一文無しになってしまったような人をたくさん見てきました。そんなアブナイ橋を渡らず、マーケットの値動きに日々神経を乱されることなく、リスクを抑えながら穏やかに確実に資産を積み上げていくにはどこを目指したらいいか。結果として、ローでもハイでもない**「ミドルリスク・ミドルリターン」で運用していくことが一番**というところに落ち着きました。

そんなことが可能なのか？　疑問に思う人もいるでしょう。次の表は運用によるリスクとリターンの関係をシンプルに表したものです。

たとえば、「ローリスク・ローリターン」の代表は国内債券です。リスクが少なく、1・5％で増えていってくれますが、10年続けたところで2倍にもなりません。一方、株式というのは、一般的に「ハイリスク・ハイリターン」の代表といわれますが、増加の割合は一定ではありません。たとえば、10％のリスクを取ったら、必ず10％のリターンというふうに規則正しく増えていくものではない。もしそうなのであれば、次ページのリスクとリターンのグラフは、右肩上がりで一直線になるはずです。でも、弧を描くように曲線のラインをとっていますね。それはなぜかというと、実は、**むやみやたらにリスクを取っても、無限大のリターンがやってくるわけではない**からです。

仕事終わりのビールの1杯目は、最高においしい。2杯目もまあまあおいしい。でも3杯目、4杯目になるとお腹がガボガボになってあまりおいしくない。そんなふうに、1杯増えるごと（限界）に満足度（効用）が下ってくる（逓減《ていげん》）ことを限界効用逓減の法則と呼ぶのですが、この法則がリスクとリターンの関係にも働いているのです。

原則として、高いリターンの商品は、それなりにリスクも高くなります。最終的にどのレベルのリスクを取るかは、個人の判断です。ただ、リスクという限界が高まる

リスクとリターン

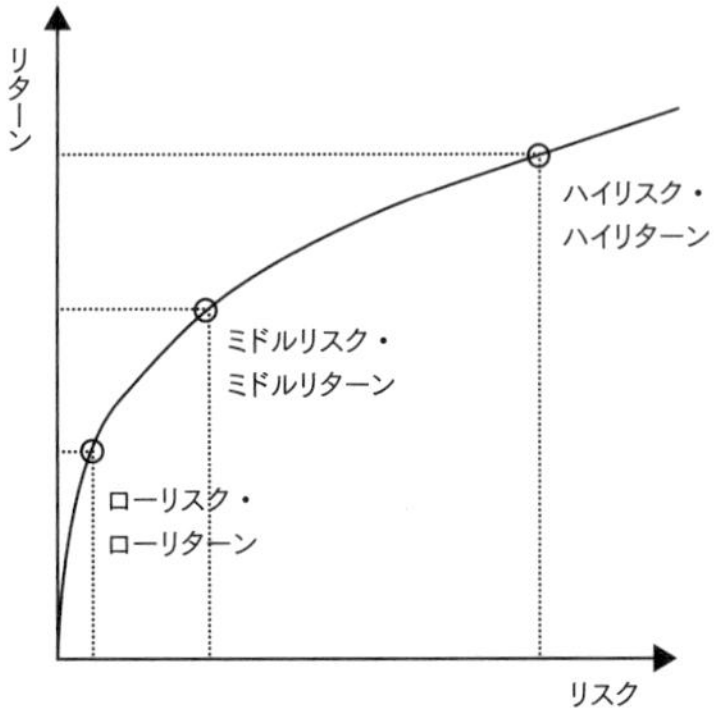

出典：『お金の正しい守り方』大井幸子著

ごとに、リターン（効用）は下がってくる、正確には高いリスクに見合うほど儲からない、**リスクが高ければ高いほどリターンが増えるものでもない**ということを知っておいてください。

ということで、私は、株式の半分くらいのリスク、債券よりは少し高めのリターンを狙う「ミドルリスク・ミドルリターン」の考えに至ったのです。

リスク10%、リターン5~7%が効率的なわけ

具体的な数字目標として、現在、私の投資塾などでは、**10%のリスクで、5~7%のリターンを狙う**ことを資産運用の目安にしています。

リスク10%と聞いて、この数字が高いのか、低いのか、それとも妥当なのか、まだよくわからない人も多いかもしれません。パッと数字だけを見ると、「5~7%のリターンに対して10%のリスクを取ったら、元本割れを起こすのでは？」と思った方もいるでしょう。

リスクとは、「リターンのふれ幅、ブレの大きさ」だと前述しました。リスク10%というのは、「中央値をはさんで、±10%の変動幅がありますよ」ということで、「投

資額のマイナス10％を失う可能性が高い」ということはそもそも視点が違うのです。

このリスクの変動幅を表す指標を「標準偏差」といいます。つまり、リスク＝標準偏差です。どこで見るかというと、投資信託を購入する際など、運用成績の説明にある「リターン〇％、リスク〇％」の「リスク〇％」が標準偏差のことです。

やや小難しい話なのですが、「標準偏差」は投資のリスクを把握するために押さえておいてほしい知識のひとつです。

現代の投資理論では、リスク（標準偏差）とリターンは図のような、左右対称の釣鐘型のグラフになると定義しています。プラス1標準偏差（1SD）、マイナス1標準偏差（▲1SD）というふうに表しますが、平均値から±1標準偏差内に入るのは全体の3分の2程度。100人いたら68人がこの中に入っているという「確率68％」のルールというものがあります。

考え方として、たとえば、ある年の投資の平均リターンが5％、リスク（標準偏差）が10％だったら、マイナス5％からプラス15％の間に投資家の約68％がいるということなります。

言い方を変えると、「リターン5%、リスク10%」の商品というのは、「1年後のリターンの平均的な予想は5%だけれど、68%の確率で運用がうまくいけば15%、悪く転べばマイナス5%になる」と考えることができます。

リスク10%というのは、おおむね、株式のリスク（20%）の半分に相当する数値になっています。たとえば、**リーマンショックのような最悪のケースで相場が50%急落したとしても、その半分の25%くらいですむイメージ**です。

自分が株式に日経平均株価で100万円を投資していたら、金融危機が起こって50万円になってしまった。その後、元本を取り戻すまで、約6年かかってしまった。これはリーマンショック後にあった実際の話です。もし損失分がその半分の25万円ですんでいれば、約4年で元本を取り戻せました。リスクが半分というのは、それくらい地道で確実性の高い数値目標をとっているのです。

リスク10%を高いと思うか低いと思うかというのは、最終的にはその人のリスク許

リスクとは何か?

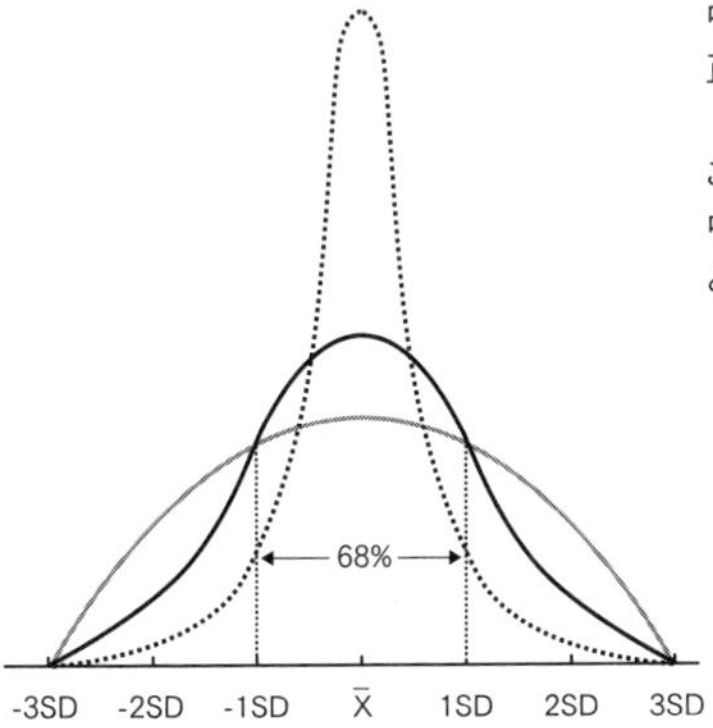

中央値　標準偏差1SDの
正規分布の確率密度関数。

この分布に従う確率変数が
中央値 ±1SDの間に値を
とる確率はおよそ68%である。

出典:『お金の正しい守り方』大井幸子著

容度によってくるのですが、危険がともなうべらぼうに高いリターンを望まず、でもそこそこの増益を望むと考えた場合、バランスのとれた数値だと自負しています。

また、変動幅が少ないことのメリットとして、当然ながら**売買をしたときに、その価格落差が小さくてすみます。**相場は一刻一刻変わっていきますから、いざ買おうとしたらとんでもなく高くなっていたり、売りたいと思ったときに下がっていたりして、大きく損をしてしまう可能性があるのです。標準偏差を知ることは、そういったタイミングによる運用益の損失を減らすためにも有益です。

標準偏差は、学生時代に統計学に触れていない方はとくに理解するまで時間がかかるかもしれませんが、最低限押さえておいていただきたいのは、以下の2点です。

・金融商品の「リスク○％」というのは、投資額のマイナス○％が減るという意味ではなく、中央値をはさんだプラスマイナスの変動幅のこと。
・変動幅を小さく運用することで、リスクを常に下げておくことができる（ある程度のリターンを求めるならば、本書ではリスク10％がおすすめ）。

「シャープレシオ」で真の稼ぐ力を見る

標準偏差とともに、投資信託などの収益性を表す指標に「シャープレシオ」というものがあります。かんたんに言えばその**金融商品の持つ効果的に稼ぐ力（コスパ）**のこと。リスク（標準偏差）を考慮したうえで、つまりコストを払ってどのくらい収益性が高いかどうかを判断する材料になりますから、商品を選ぶときに大いに役立ちます。

たとえば、「リターン5%、リスク10%」の商品と、「リターン5%、リスク20%」の商品があるとして、リターンだけで比べたら5%で同じですが、シャープレシオはリスク10%と20%も、それぞれ考慮した数値として表されます。ご承知の通り、同じリターンであれば、リスク10%とリスク20%では、リスク10%のほうが変動幅は少ないですから、安全で効率性のよい商品となることが一目瞭然《いちもくりょうぜん》なのですが、それぞれ数値が違う場合、シャープレシオは、リターンとリスクのバランスを「効率」という観点からチェックするのに役立ちます。

シャープレシオは、自分で計算しなくても、一部のネット証券の商品情報ページにはファンドごとに記載されていることが多いのですが、自分で計算する方法もお伝えしておきます。

シャープレシオの求め方

・シャープレシオ＝「(ファンドの平均リターン－安全資産利子率)」÷標準偏差

正確な計算方法は、リターンから安全資産(リスクがゼロと仮定した資産)利子率というものを引き算し、そのファンドのリスク(標準偏差)で割ったものです。この値が大きいほど過去の成績は優れたパフォーマンスであったと評価されます。

日本では、安全資産利子率には、無担保コールレート*などが用いられます。

なぜファンドの平均リターンから安全資産利子率を引くかというと、リスクを取った以上、リスクを取らないで得られるリターンよりも高いリターンを得られなければ意味がないからです。実際に計算してみましょう。

仮定：無担保コールレート0・1％で以下のAファンドとBファンドを比べた場合

・Aファンド（リターン7・1％、リスク10％）
・Bファンド（リターン13・1％、リスク20％）

比較

・Aファンド（7・1％－0・1％）÷10％＝シャープレシオ0・7
・Bファンド（13・1％－0・1％）÷20％＝シャープレシオ0・65

リターンを単純に比較すると、Bファンドのほうが有利に見えますが、取ったリスクに対するリターンを含めて比較するとAファンドのほうが運用効率のよいファンドであることが、この計算でわかります。

ファンドを購入するときは、リターンばかり注目しがちですが、過去のリターンの成績はあくまで「時の運」の結果です。その時期はたまたま外国株式の調子がよかった、というように、リターンはその時々のマーケットに大きく左右されますから、**リターンの実績だけを見て判断してもあまり意味はありません。**むしろ、シャープレシオをしっかりと見ることが大切です。

なお、私が本書の資産運用で目指すシャープレシオの数値は0・6以上に目標設定しています。

＊コールレート　金融機関同士が日々の資金過不足を最終的に調整し合うなど短期の資金を融通し合う市場をコール市場と呼びます。無担保コールレートは、「無担保で翌日返済」という条件の金利（利率）です。現在、日本の政策金利となり、金融政策の誘導目標金利の役割を果たしています。

まとめ　標準偏差とシャープレシオ

標準偏差とシャープレシオは、投資信託などを購入する際、「よい商品」を探す目安になります。

- 標準偏差は、「この商品はどの程度変動するか」のリスクの許容範囲を見極められます。
  また、『myINDEX』（myindex.jp）などで自分のポートフォリオのバランスを見たとき、自分のポートフォリオに偏りはないかどうかを見る参考にもなります（139ページ）。
- シャープレシオでは、リスク（標準偏差）を踏まえた、その商品の稼ぐ力がわかります。数値が高いものほど、効率のよい運用を期待できます。

・金融商品を購入する際は、できるだけ長い期間の運用成績（トラックレコード）のシャープレシオや標準偏差を確認すること。複数の期間が検索できる場合は、すべてに目を通しておくことをおすすめします。

・金融商品を比較する際は、日本国債と外国株式など、異なる資産同士を比べるよりも、なるべく同じ資産同士で比較検討してください。

商品の属性について知っておこう
株・債券・金《きん》

外国株式・外国債券・国内株式・国内債券・金というインデックスファンドを買う前に、株式、債券、金はどのような商品なのかを知っておくとよいでしょう。

金融というのは、そもそも「お金を融通する」ということで、株式や債券というのは企業が資金を融通してもらうため、資金調達の役目を果たします。


たとえば株式というのは、あなたが会社をつくったとして、その資本金が1000万円だとします。そのうち500万円は自己資金、残りの500万円を応援してくれる他者から出資してもらったとします。その出資してもらった500万円に対してあなたが株を発行して渡すようなイメージです。

500万円を出資した人の立場から見ると、その会社の株式を購入したのですから、会社の「株主」の一人になるということです。

出資した投資家から見れば、会社の収益が増加すれば、儲かるかもしれないけれど、倒産したら500万円はゼロになるかもしれない。そういうリスクがあるものなのです。


一方、債券とは、債務の「債」ですから借金です。あなたの会社の資本金が1000万円で、500万円を自己資金、残りの500万円は銀行から借り入れるとします。借りたものは返済する必要がありますから、たとえば、銀行と10年で金利5%で返済しますという約束をすると証書が発行される。それが債券です。いわば、借用書のようなものなのですが、その債券とは10年で毎年5%の利息がついて返ってくるという証書で、金融機関はそれを売買しています。その会社が倒産しない限りは貸したお金は戻ってくるので、株式よりリスクが少ない手堅い商品として考えられています。

社債とは企業が借金し、企業が債券の発行体となります。もし企業の業績が悪化し、お金が回らなくなり、破綻すると、借金も返せなくなり、債券の価値はなくなってしまいます。これをデフォルト（債務不履行）と言います。また、国債というのは、国が借金し、国が発行体となります。国債を買う場合、国家が破綻することはまずないであろうと考えられるので、リスクが低くリターンも安定している商品になります。

金（ゴールド）というのは、アクセサリーなどになる実物の「金」の塊のことです。金の価格には世界共通の価格が存在していて、多くの金インデックスファンドはその価格に連動するようにつくられています。ですので、「金の実物を保有するわけではないけれど、金に投資する」というイメージです。金の価格というのは、需要と供給で決まります。

月イチ投資のツーステップ

ではここで、具体的に口座開設をしてみましょう。

まず証券会社に口座を開くことからスタートします。今はネット証券が充実しており、手数料が安い点でも、私は**SBI証券、もしくは楽天証券をおすすめ**します。ネット証券であれば、資料請求などをしなくても家にいながらにして口座開設が簡単にできます。

口座に購入資金を入金したら、投資信託など金融商品を買います。毎月自動引き落としで積み立てができるように設定することも可能です。そうしておけば毎月口座に入金しなくてはならないという手間すら省けます。

STEP1　ネット証券会社に口座を開く
STEP2　商品を買う

大きくはこの2つのステップだけなのです。

あとは繰り返し月イチで商品を買っていくだけです。このときにあらかじめ自動引き落としの設定をした人は、気が向いたときにチェックしてみるくらいでいいのです。その場合の注意点としては、積立金が引き落とされる口座の残高が不足しないようにするだけです。とても簡単でしょう？

あとはほったらかしでOK。頻繁に株価をチェックすることもありませんし、経済新聞やニュースに注意深くなることもありません。値上がりしそうな企業を探し出すこともありません。もちろん、そういったことに興味を持って、あなたの金融リテラシーがぐんぐん向上することはとても喜ばしいことですが、口座開設をするのに、そのような知識が備わっていなくてもなんら問題ありません。

SBI証券に口座を開いてみる

SBI証券　口座開設の流れ

手元に、本人確認書類（マイナンバーカード（通知カード）や免許証）を用意しておきましょう。

SBI証券のウェブサイト（https://www.sbisec.co.jp）から、【今すぐ口座開設】という赤いボタンをクリックします。

❶本人確認書類の画像をアップロード

コピーを郵送することもできますが、WEBアップロードのほうが断然便利です。

スマホやデジカメで免許証やマイナンバーカード（通知カード）を撮影しましょう。

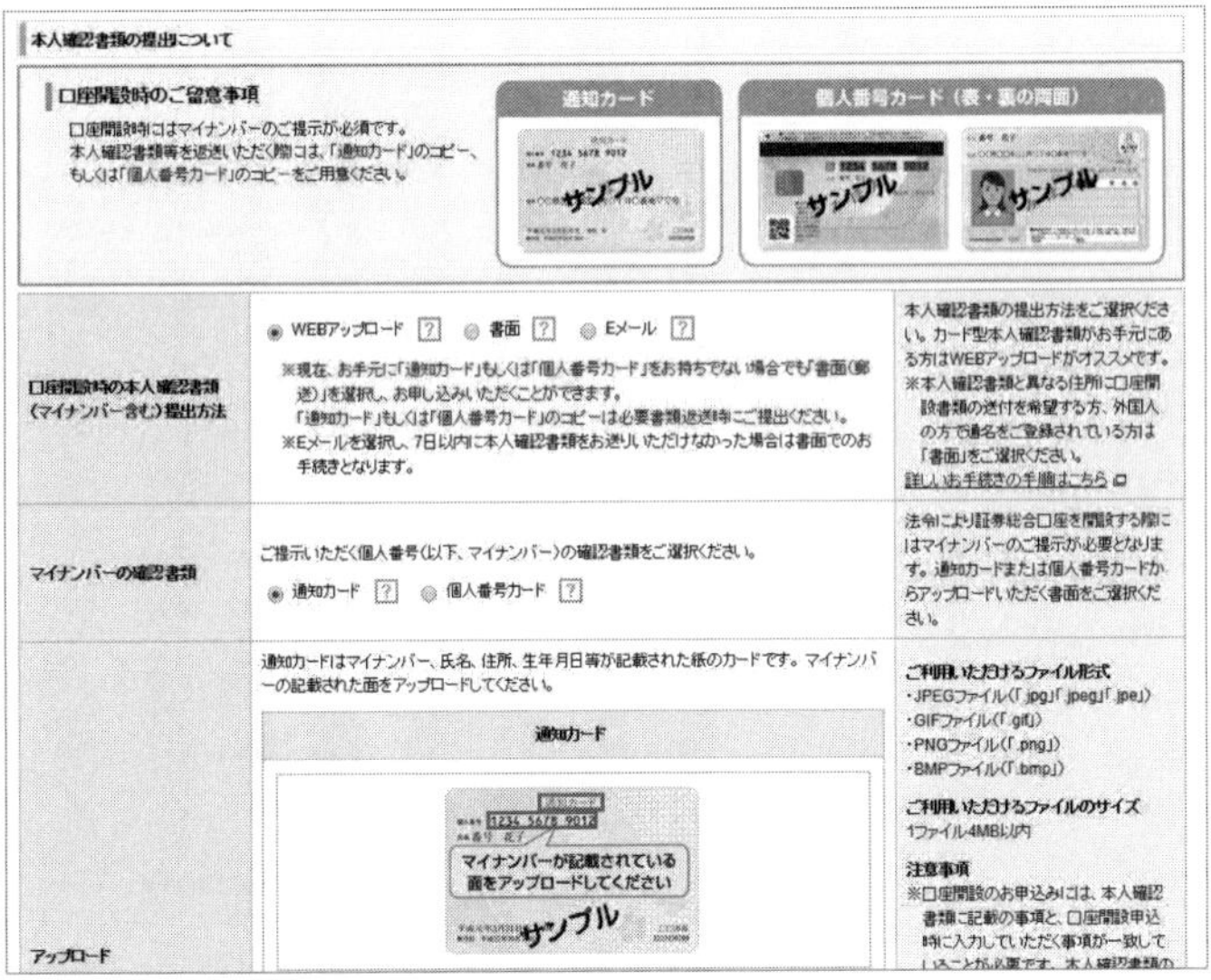

❶本人確認書類の画像をアップロード

❷氏名や生年月日などを入力

特定口座については、源泉徴収ありの特定口座を「開設する」を選びましょう。確定申告が不要になります。

❸「NISA」か「つみたてNISAを申し込む」を選択

「NISA」か「つみたてNISA」かで迷っている人は、この時点ではどちらかを選んでおいて、正式な申込書が来たときに変更することが可能です（「iDeCo」のみを申し込みたい場合は「申し込まない」を選択）。

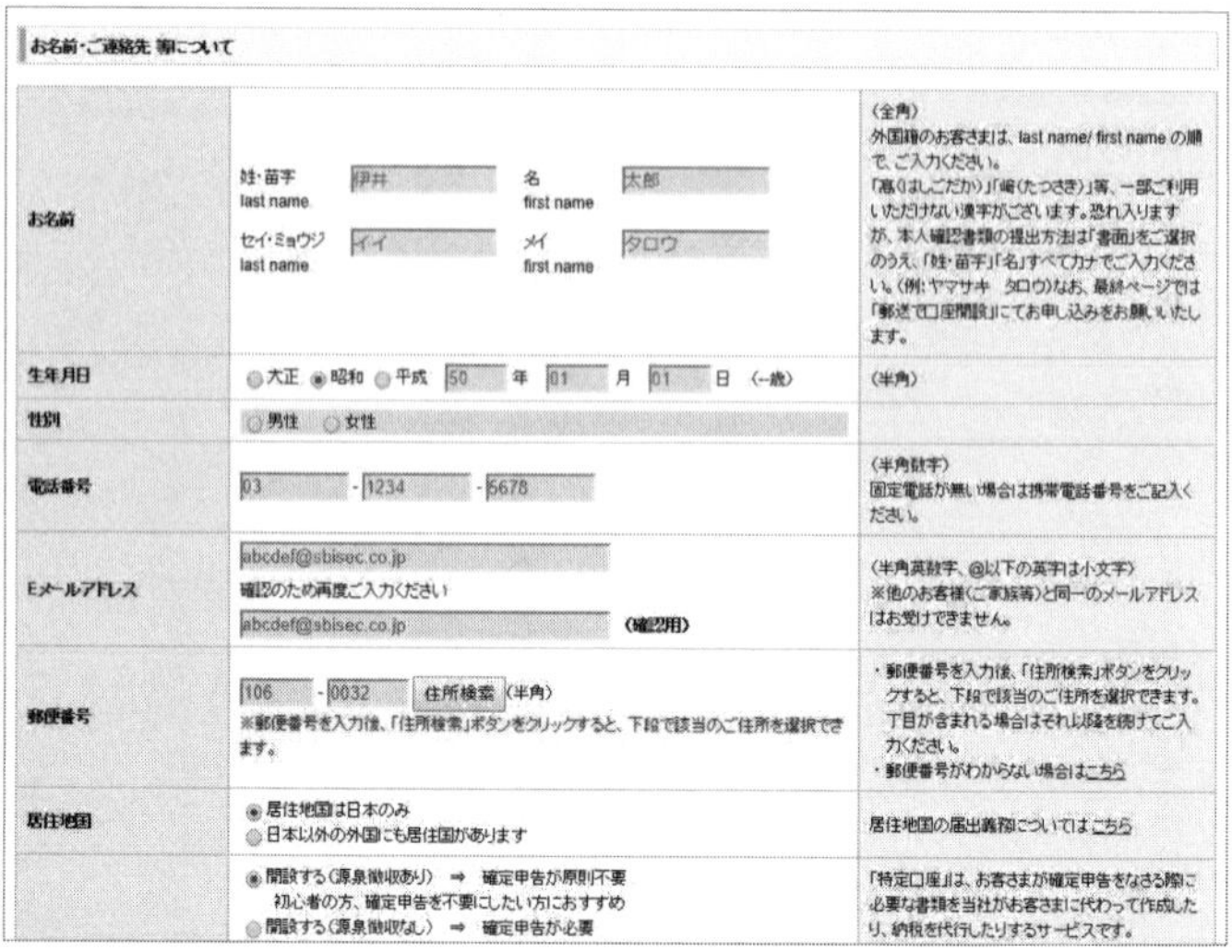

お名前・ご連絡先 等について

お名前	姓・苗字 last name 伊井　名 first name 太郎 セイ・ミョウジ last name イイ　メイ first name タロウ	（全角） 外国籍のお客さまは、last name/ first name の順で、ご入力ください。 「髙（はしごだか）」「﨑（たつさき）」等、一部ご利用いただけない漢字がございます。恐れ入りますが、本人確認書類の提出方法は「書面」をご選択のうえ、「姓・苗字」「名」すべてカナでご入力ください。（例：ヤマサキ　タロウ）なお、最終ページでは「郵送で口座開設」にてお申し込みをお願いいたします。
生年月日	○大正 ◉昭和 ○平成 50 年 01 月 01 日 （--歳）	（半角）
性別	○男性 ○女性	
電話番号	03 - 1234 - 5678	（半角数字） 固定電話が無い場合は携帯電話番号をご記入ください。
Eメールアドレス	abcdef@sbisec.co.jp 確認のため再度ご入力ください abcdef@sbisec.co.jp （確認用）	（半角英数字、@以下の英字は小文字） ※他のお客様（ご家族等）と同一のメールアドレスはお受けできません。
郵便番号	106 - 0032 住所検索 （半角） ※郵便番号を入力後、「住所検索」ボタンをクリックすると、下段で該当のご住所を選択できます。	・郵便番号を入力後、「住所検索」ボタンをクリックすると、下段で該当のご住所を選択できます。丁目が含まれる場合はそれ以降を続けてご入力ください。 ・郵便番号がわからない場合はこちら
居住地国	◉居住地国は日本のみ ○日本以外の外国にも居住国があります	居住地国の届出義務についてはこちら
	◉開設する（源泉徴収あり） ⇒ 確定申告が原則不要 初心者の方、確定申告を不要にしたい方におすすめ ○開設する（源泉徴収なし） ⇒ 確定申告が必要	「特定口座」は、お客さまが確定申告をなさる際に必要な書類を当社がお客さまに代わって作成したり、納税を代行したりするサービスです。

❷氏名や生年月日などを入力

❹住信SBIネット銀行口座開設申込「申し込む」を選択

手持ちの銀行と連携して使う場合は選択の必要はありませんが、申し込んでおいたほうが、手数料がお得になるなど運用上のメリットがあります。

❺取引プランを選択

この項目は国内株式取引の手数料プランのことで、「iDeCo」と「つみたてNISA」のみの場合は関係ありません。初心者の方は、少額投資に向いているといわれるアクティブプランを選択しておくとよいでしょう。

❷特定口座の開設、❸「NISA」か「つみたてNISA」を選択、❹住信SBIネット銀行口座開設申込

❻「iDeCo（個人型確定拠出年金）資料請求」を選択

「iDeCo」に申し込み可能になります。

これで申し込みの完了です！

すぐにSBI証券から「口座開設申込完了」のメールが送信されてきます。

⬅

後日、1週間程度で証券会社から口座開設完了通知という書類が本人限定受取で送られてきます。「口座番号」「ログインパスワード」「取引パスワード」が記載されている大切なものです。NISAの申請書も含まれます。

本人確認書類、マイナンバーカード（通知カード）のコピー、NISAの申請書に記入して、返信用封筒で郵送します。

iDeCoについても資料が届きますので、必要事項を明記し、返送します。

⬅

本人確認の書類確認が無事完了するとSBI証券から、メール等で連絡があります。

証券総合口座へ入金すると、投資信託の購入が可能です（取引に必要な「取引パスワード」は「口座開設手続完了のご案内」のものを使います）。ただし、NISAやiDeCoを使って運用したいという方は、それぞれの審査を通過した後に連絡がありますので、それをお待ちください。

NISA口座、iDeCo口座のややこしいところ

SBI証券に口座を開きましたが、これはいわゆる「総合口座（一般口座）」で、NISAやiDeCoは別枠で申請し、それぞれ口座をつくることになります。

「NISA口座をつくりたいだけなのに」と戸惑う方もいるかもしれませんが、総

合口座ありきで、その中にＮＩＳＡ口座やｉＤｅＣｏ口座があるようなイメージなのです。

ＮＩＳＡ、「つみたてＮＩＳＡ」については、申請すると、金融機関と税務署の審査を経て、口座開設完了となります。お知らせはＳＢＩ証券からメールなどが届きます（口座開設まで1カ月程度かかります）。

ｉＤｅＣｏについては、資料が届いたら同封の申込書類をＳＢＩ証券に郵送すると、国民年金基金連合会に送付され、同連合会で加入希望者の情報が審査されます。審査といっても、ｉＤｅＣｏの加入資格に該当しているかどうかです。基礎年金番号の間違いや登録口座の重複といった記入ミス、公的年金の支払い状況などがチェックされます。ｉＤｅＣｏの加入申出書類を郵送してから口座が開設されるまでには、約1カ月半〜2カ月半かかります。

審査に通過すると、審査元である国民年金基金連合会から「個人型年金加入確認通知書」「個人型年金規約」「加入者・運用指図者の手引き」の書類や冊子が送付されてきます。ＳＢＩ証券からも、ｉＤｅＣｏ加入者向けサイトの「ＩＤおよびパスワードのお知らせ」が届きます。

以降に、毎月の引き落としが始まります。

アセットアロケーションの黄金律はコレ！

さて、口座を開設したら、いよいよ金融商品の購入です。

外国株式・外国債券・国内株式・国内債券といった資産（アセット）に投資できるインデックスファンドを購入するとして、どの資産を、どのような配分にしたらいいのかが、悩ましいところだと思います。

具体的に何をする必要があるかというと、100万円の元手があるとしたら、国内株式に3割、国内債券に3割、外国株式に3割、残りを外国債券、というふうに実際に購入の配分（アロケーション）を決める必要があるのです。

私は、どの資産をどの割合で購入すると、リスクを抑えつつ、安定したリターンを得ることができるかを考えました。結果、この5つに絞られました。

- **「外国株式」30％**
- **「外国債券」10％**
- **「国内株式」20％**
- **「国内債券」30％**
- **「金」10％**

この配分割合の黄金律をキープして、該当するインデックスファンドやETFを購入するのです。

一体この割合はどうやって出てきたのかと思いますよね。それには正当な根拠があります。「相関性」という考え方です。

5つに配分する根拠は相関性にあり

アセットアロケーション（資産分散とその配分）の目指すところは、株式をどれくらい買うか、債券をどれくらい買うか、その効率が最もいいラインを、リスクを踏まえたうえでとっていくことです。実は、**同じリターンをキープしながら、リスクを下げる資産の組み合わせ**というものが存在します。

「相関性」とは、一方の値が変化すれば、他方の値も変化するという、2つの値の関連性を意味しますが、「外国株式」「外国債券」「国内株式」「国内債券」「金」などの資産は、相場の中で互いに相関関係があって、シーソーのように一方が上がれば、一方が下がるというような傾向があるのです。

その一例として一般的に、債券と株式は一方が下がれば一方が上がるというふうに説明されますが、完全に逆相関になるものはありません。

私の考え方としては、債券はもともとリスクが低いので、株式と債券を両方持っておくと、株式だけを持つよりも全体のリスクを下げることができる。金に関しては、株式が下がると上がるという逆相関の傾向があるので、金を入れることでさらにリスクを減らすことができる。10％のリスクを想定したうえで、最高の効率になる組み合わせを計算した結果、**「外国株式」30％、「外国債券」10％、「国内株式」20％、「国内債券」30％、「金」10％**というアロケーションに決まりました。

この5つの資産をこの割合で保有することで、資産相互の相関性を低くし、変動幅を抑えることで、安定的に資産を増やしていくことを目指すのです。

「ランダムウォーク」理論はインデックス投資を正当化する

具体的な金融商品名をお伝えする前に、このアロケーションの元となる大事なお話をさせてください。

やっと日本の個人投資家にも広がってきたインデックス投資ですが、もともと**アメリカでは、1960年代から投資信託（ミューチュアルファンド）が開発され、インデックス投資商品も金融商品として人気**を得てきました。

アメリカでは日本のような国民健康保険はないし、郵便貯金やかんぽ生命もありません。政府が国民に対して日本のように手厚くないのです。ですから、一人ひとりが少しでも貯金を増やす自助努力をしなければならないのです。

一方、欧米は階級社会ですから、株式投資はもともと資産家や富裕層のためのものでした。労働者や一般庶民が株式に投資するようになったのは、1970〜1980年代からだと思います。株や債券がインデックス投資信託（投信）の形で販売されて、一般の人たちでも少額で少しずつ購入し、長期に投資ができるようになったからです。

実際、個別株や債券を複数買い揃えて分散を図るとなると、手元にまとまった資金が必要です。しかし、インデックス投信のようにあらかじめ分散の効いた金融商品が開発され、個人でも少額で買えるようになり、こうしたあらかじめ分散の効いた商品を貯金で少しずつ購入して、積立投資ができるようになったのです。

インデックス投資は、**個人が個別銘柄を選んで投資するよりはずっと効率的だという理論**に裏付けられています。一言で言うと、「市場は常に効率的である」という仮説に立つのが**「ランダムウォーク」理論**です。個人投資家がアレヤコレヤと考えて「ランダム（あてずっぽう）」に銘柄を選ぶよりは、市場に連動するインデックスに投資するほうが効率的だというわけです。

実際に、金融工学の理論的枠組みは、「効率的な市場仮説」のうえに成り立っています。市場価格は常に適正であり、もし適正価格から乖離《かいり》して不均衡になることがあっても、価格が高すぎれば売られ、低すぎれば買われます。このように市場参加者が合理的に行動することで、やがて価格は均衡すると考えます。その意味で、市場は常に正しいのです。

「ノン・ランダムウォーク」理論でリスクコントロールを強化

ランダムウォークから早や40年ほど経ち、資産運用に関わる理論も進化してきました。「ランダムウォーク」理論では、インデックスによる投資収益は相場動向に連動します。

たとえば、株式インデックスは株式相場に連動するので、相場が上がればインデックスも上昇します。逆に、相場が下がればインデックスも下げてしまいます。株価が上がれば嬉しいですが、急激な下落局面では多くの人がパニックになってしまいます。

株価が上下するのは仕方がないとしても、一体どこが合理的な価格と言えるのでしょうか。

もう少し数学的に説明すると、ランダムという意味は「大数《たいすう》の法則」に対する乱数を言います。大数の法則が成り立つほど大勢の人々が十分な情報を持って取引する市場では、おのずと合理的な価格に収斂《しゅうれん》するはずだと考えるのが金融工学の仮説です。

ところが、この「効率的な市場」を前提とする**「ランダムウォーク」理論が、機能しなくなる事態**が現実になったのです。

1998年のロシア危機、2008年のリーマンショックなど大きな金融危機が起こるとき、市場参加者は恐怖心にかられ、我先にと売り急ぎます。売り浴びせが起こると株価が大きく下落し、さらに「もっと下がるかもしれない」と恐怖心が膨らみ、参加者はさらに投げ売りをします。そうなると市場が底知れず下落し、流動性が逼迫《ひっぱく》し、**市場がパニックになり、効率性を失ってしまいます。**

「ランダムウォーク」理論では、市場が正常に機能しているという前提があり、その前提のうえでは有効ですが、現実には、人々がパニックになり、市場のメカニズムが正常時のように有効に機能しなくなります。**金融危機のときには、市場が急激に非効率的な状況に陥ってしまう**のです。

こうした非効率的な市場は、実に5%の確率で起こると考えられています。逆に言えば、「ランダムウォーク」理論は「市場が効率的である」という95%の正常の状況において有効な理論と言えます。

確率5%ですから、5年（60カ月）のうち、3カ月間は、市場が調整局面にあったり、非効率的な市場環境に置かれるというわけです。

市場が効率的であれば、統計学上の正規分布で理論化できますが、そうでない場合には、非線形的な理論的枠組みを必要とします。

「ノン・ランダムウォーク」理論は、「市場は非効率的である」という前提に立ち、**過去30年以上にもわたる金融業界の定説を進化させるパラダイムシフト**を起こしました。

「ノン・ランダムウォーク」理論は、バブルの生成と破綻の過程、とくに市場の非効率性について新しい理論的枠組みを提供しますが、だからといって実際に危機を避けることはできません。

ただし、危機における損失を最小化するために、なるべく市場動向と低相関のポートフォリオを構築するのには役立ちます。

相場との相関性を低くする手段として、アセットマネジメント業界では、ヘッジファンドやプライベート・エクイティ・ファンドといった代替（オルタナティブ）投資*商品をポートフォリオに組み入れるのが一般的です。

しかし、オルタナティブ投資商品は、最低投資額が1億円以上とハードルが高く、大きなお金を運用する機関投資家の投資手段となっています。個人投資家でも数十億円以上の資産を運用する方にはおすすめで、ポートフォリオを複数のヘッジファンドで構成し、より効率性を高めることができます。

一般的に、個人投資家としてできることは、ポートフォリオに組み入れる資産同士の相関性をなるべく低く保つことです。株価急落、金利の急騰といったさまざまなリスクに対応し、いざ**金融危機が起きたときにポートフォリオ全体の損失を小さくする**ことができます。

ランダムウォークで広く利用されるようになったインデックス商品は、今日では個人でも小口で分散投資できるようＥＴＦ（上場投資信託）の形に進化しました。ＥＴＦもパソコンやスマホでカンタンに安く、手軽に売買できます。

「じぶんちポートフォリオ」では、分散投資からもう一歩進んで、**リスクの分散を図ることで、なるべく損失を小さくし、資産を減らさない**ように心がけます。

そのためには、まず、ポートフォリオに組み入れる資産については相互に低相関になるように選別し、ポートフォリオ全体として危機への抵抗力を高めます。

「ノン・ランダムウォーク」理論は、危機管理を強化し、下げ相場に抵抗力の強いポートフォリオ構築を助けます。機関投資家にとっては、「オルタナティブ投資手法」を導入することでリスク管理を図りますが、個人投資家にとっても、コツコツ長期にわたり資産形成するのに役立つ考え方です。

晴れの日も雨の日も、相場がよいときも悪いときも、マラソンランナーのように、マイペースで走り続け、ゴールに到達する。これが理想的な「じぶんちポートフォリオ」のスタイルです。

＊代替（オルタナティブ）投資とは

通常の株や債券、投信、ＥＴＦといった公開市場で取引される金融商品を伝統的資産と言います。一方で、誰もが売買できる公募商品と異なり、私募市場で取引される未公開の金融商品があります。こうした商品群は伝統的資産に代替するという意味で、「オルタナティブ」資産と言われます。こうした資産の取引は、米国では主に資金力があり、リスクに耐えられる機関投資家や富裕層に限られています。オルタナティブ資産には、ヘッジファンドやプライベート・エクイティ、現物資産、コモディティなどが含まれます。こうした資産に基づく商品は一般に、相場動向に応じたインデックスとは異なる値動きをします。インデックス運用は相場動向に連動するいわば相対的な投資収益（ベータ）となりますが、オルタナティブ資産では、相場動向にかかわらずその資産そのものの価値に基づく絶対的な投資収益（アルファ）となります。

この5つの商品がおすすめ！

では具体的にどの商品を買えばいいのか、ここがポイントです。資産分散だけ提示したところで、数千もの金融商品がありますから、自分で選ぶことは初心者の方には難しいかもしれません。

ここで具体的な商品名を出しましょう。自分で選ぶことが難しい方は、そっくりこのまま購入してみるのもありです。たちまち、あなた自身の「じぶんちポートフォリオ」ができてしまいます。

この商品群は、実際、私の投資塾で、じぶんちポートフォリオ作成のためにおすすめしている商品になります。1商品の価格は1・5万円程度で、月々10万円の積立予算があれば購入できます。

「じぶんちポートフォリオ」では、この商品をＮＩＳＡ枠で購入することをおすす

おすすめ商品ベスト５

カテゴリー	商品名	おすすめ配分割合
外国株式	バンガード®・ラッセル 1000 ETF	30.00%
外国債券	バンガード®・米国中期債券 ETF	10.00%
国内株式	ラッセル野村小型コア・インデックス連動型上場投資信託	20.00%
国内債券	三井住友・日本債券インデックス・ファンド	30.00%
金	iシェアーズゴールド・トラスト	10.00%

めしています。一例として、月10万円の積み立てができると、年間の１２０万円のＮＩＳＡ枠を使い切ることができ、資産形成に大いに役立つでしょう。

毎月10万円も投資することができない！　**もっと少額からやりたいという人にも１２８ページ以降で具体的な商品をご紹介**します。

また、ｉＤｅＣｏには専用商品があり、一般のファンドからは選べません。さらに金融機関によって取り扱いが違います。参考としてｉＤｅＣｏのおすすめ商品は２３１ページから紹介しています。

※外国株式、外国債券、金のＥＴＦに選ばれている商品を3つとも購入できるのは、ＳＢＩ証券、楽天証券、マネックス証券等のネット証券、およびみずほ証券です（２０１８年7月現在）。手数料は金融機関によって異な

りますので、購入の際はご自身で確認してください。

なぜこの5つの商品がおすすめなのか？

数ある商品の中で、なぜこの商品なのか。ひとつずつ見てみましょう。

・「外国株式」　バンガード®・ラッセル1000ETF

この商品は、アメリカの株式をパッケージにしたインデックスファンドです。アメリカの株式を選んでいる理由は、世界の金融市場というのは、アメリカの金利や為替などのマーケットに連動しているといっていいほど影響が強いからです。**金融市場というのは、いわばアメリカの海**なのです。新興国に興味を持って株を買ったとしますね。でも、アメリカが金利を引き上げつつあったりすると、新興国から資金が流出して新興国株が低迷したりします。ドル覇権とかドル支配と呼ばれる構造があって、たとえばブラジルはドルで借金をしていたりしますから、アメリカが金利を引き上げると、ドル高・ブラジルの通貨レアル安となり、ドルの借金が増えてしまったりと、金融はアメリカしだいという流れが依然としてあるのです（155ページの図参照）。

そういった状況のもと、**米国株を、資産を増やす成長のドライバーとして入れています。**ラッセル1000のラッセルというのは、米国の株価指数のひとつで、米国の株式市場の大型株全体のパフォーマンスを示しています。ラッセル3000指数というものがはじめにあり、その構成銘柄のうち、時価総額などを基準に上位約1000銘柄で構成されています。毎年構成銘柄の入れ替えが行われ、常に直近の成長企業などを反映するといわれています。

・「外国債券」　バンガード®・米国中期債券ETF

この商品はアメリカの債券です。債券は実際は奥が深くて種類もさまざまなのですが、この商品を選んだ理由のみにしぼって説明します。まず債券は借金で、返済する期間によって、短期債（1年未満）、中期債（3〜5年程度）、長期債（7年以上）と分かれます。この商品は中期債になりますが、**金利リスクが安定している**ことが選んだ理由です。現在の市場は、短期債・長期債ともに、金利上昇の傾向にあります。そうなると債券の価格が下がるという金融のメカニズムがあるため、リスクが低い真ん中の中期債を選んでいます。

金利が上がると新しく発行される債券のほうが金利が高いため、過去に発行された金利の低い債券の魅力が低下して価格が下がってしまうのです。

●「国内株式」ラッセル野村小型コア・インデックス連動型上場投資信託

日本の株式の指数は、東証株価指数（TOPIX）、TOPIX Core30、TOPIX Small、東証二部株価指数、東証マザーズ指数、日経225（日経平均株価）、ジャスダックインデックスなどいろいろあるのですが、それぞれ対象になる株が少しずつ違います。

ラッセル野村小型コアインデックスというのは、新興市場を含む日本の全銘柄の中で中小型株を対象としたインデックスです。このインデックスに連動するETFは比較的小さい会社の株式がパッケージされています。**なぜ中小規模の会社の株がいいのかというと、日本のマーケットの中でも高い成長性を持っているため**です。すでに大きな企業がさらに大きくなることは日本ではなかなか難しい。そこがアメリカの企業とは違うところです。

国内株式のインデックスファンドは山ほどあるのですが、国内の中小型株となると、数はかなり絞られます。私が目標とする数値にかなったものとなると、ラッセル野村小型コア・インデックス連動型上場投資信託となりました。

•「国内債券」三井住友・日本債券インデックス・ファンド

米国株を成長のドライバーとして入れているのに対して、国内債券は、その**リスクをある程度相殺する役割**があります。現在、国内債券のリスクは株式のリスクの10分の1程度です。リターンは年1・5～2%ですから、ほぼブレずに一直線で、わずかに上昇しながら推移しています。

分散投資を考えるとき、一番リスクが低い商品を多く保有するようにすれば、リスクはおのずと下がります。投資に恐怖感がある人はとくに、**円で安定感のある国内債券を保有しておくと手堅い**ですから、おすすめです。

「三井住友・日本債券インデックス・ファンド」を挙げた理由は、10年以上運用されているところです。ネット証券のサイトでこの商品を検索すると、純資産額が約600億円とあります。ファンドとして規模が大きく安定しています。ただ、国内債券は株式のような大きな差が出にくいので、同様の国内債券のインデックスファンド「たわらノーロード」「ニッセイ」「eMAXIS」などを選んでもほとんど変わりません。なぜ変化がないかというと、同じ指数に連動されるようにつくられているからで、ほぼ横並びだからです。毎月違うものを選んでもいいですし、同じものを買い足していくのでもよいでしょう。

●「金」　i シェアーズゴールド・トラスト

金は、金価格に連動する証券を購入することになります。金の価格は需要と供給によって決まります。なぜ金を入れているかというと、昔から金本位制というものがあり、金が通貨の代わりだった時代もあったからです。要は、**金は昔からあらゆる通貨の裏付けになってきたというところで、安定して支えてくれる力がある**のです。金は利子がつかない、配当が出ないこともあり、投資においてメインになることはありませんが、お守り的に10％程度保有しておくと、実際リスクを下げやすくポートフォリオが安定するという効果があります。

月々1000円からでも始められるおすすめポートフォリオ

毎月の投資額が10万円に満たない場合、ＥＴＦを含む多くの商品からなるポートフォリオに投資することは難しくなります。そこで、**商品数を3つに絞り、1株1万円以**

上となってしまうETFではなく、すべて投資信託にて購入します。投資信託には100円以上1円単位で投資できるものがあり、非常に低い金額からでも投資が可能だからです。

少額でも月に10万円積み立てる場合の5つの商品のポートフォリオに劣らないリスク・リターン・シャープレシオのポートフォリオをつくることができます。

では、商品をひとつずつ見ていきましょう。

・**「外国株式」　楽天・全米株式インデックス・ファンド　45％**

ベンチマークのインデックスがラッセル1000ETFと異なり、CRSP USトータル・マーケット・インデックス（円換算ベース）となりますが、パフォーマンスはほぼ一緒で、アメリカ株に投資するファンドです。

・**「国内債券」　三井住友・日本債券インデックスファンド　45％**

国内債券は月に10万円積み立てるポートフォリオと一緒の商品でOKです。

・「金」　i シェアーズ　ゴールドインデックス・ファンド（為替ヘッジなし）　10%

投資信託で金価格に連動する商品の中では手数料が低く、ある程度の純資産がありトラックレコードが3年と長い方です。為替ヘッジなしとありがあるので「なし」を選んでください。

配分割合は「外国株式」45%、「国内債券」45%、「金」10%です。1000円であれば、「外国株式」450円、「国内債券」450円、「金」100円となります。

これらの商品のパフォーマンスは先にご紹介した5つの商品に劣らないものですが、手数料（信託報酬）という点で見ると若干高くなってしまいますので、最初はこれら3つの商品から始めて、毎月の投資金額を10万円以上確保できるようになったら5つの商品に切り替えていきましょう。

投資金額が月5万円以上になれば、10万円で5つの商品のポートフォリオを2カ月に1回購入するといった方法も可能です。

累積リターン

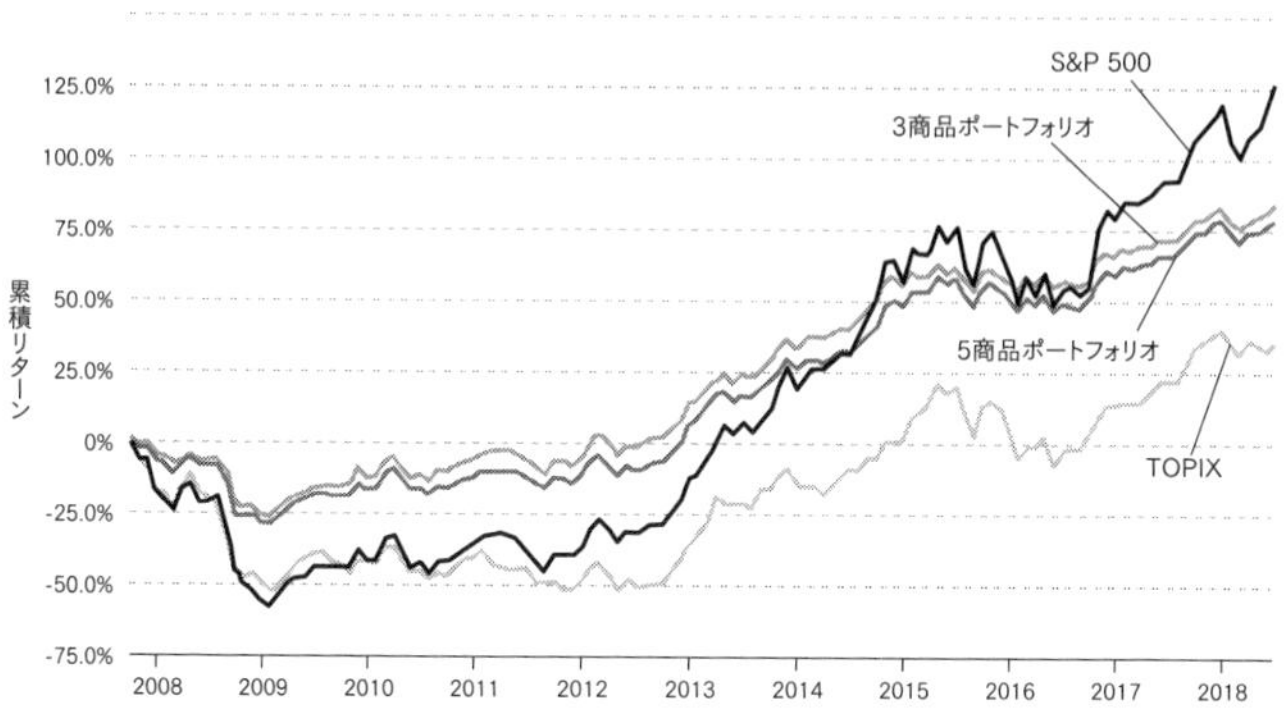

資料：SAIL作成

上の図は、2007年10月からの累積リターンのグラフです。**累積リターンとは、一定期間の投資で稼いだトータルリターンのこと**で、年率リターンのように年平均の数値を出すのではなく、毎年のリターンを加算したものです。このリターンには、期間中の元本部分の増減に加え、利金・配当金やミューチュアルファンドのキャピタルゲイン（実現売却益）による分配金の再投資分も含まれます。

約11年で日本株が1・25倍、私が提案しているポートフォリオだと1・75倍、米国株が2倍になっていることがわかります。

本項で提案した3商品のポートフォリオは、

5商品のポートフォリオとは組み入れる商品や割合こそ異なりますが、同じような動きをするポートフォリオを組めることを示しています。

金融商品の調べ方・選び方

金融機関で銘柄検索をするときのポイントをまとめておきましょう。

《基本》投資信託の画面⬇銘柄検索・取り扱い一覧⬇手数料が無料のノーロードのボタン⬇ファンドを絞り込む⬇ファンドの分類⬇投資地域を選択⬇買い付け手数料⬇信託報酬（手数料）は安いものを選ぶ⬇買い付け手数料の安い順に並べる。

【ポイント】

❶まず手数料が安いものを選ぶ（ファンドによって購入手数料は購入額の0％～3・5％、

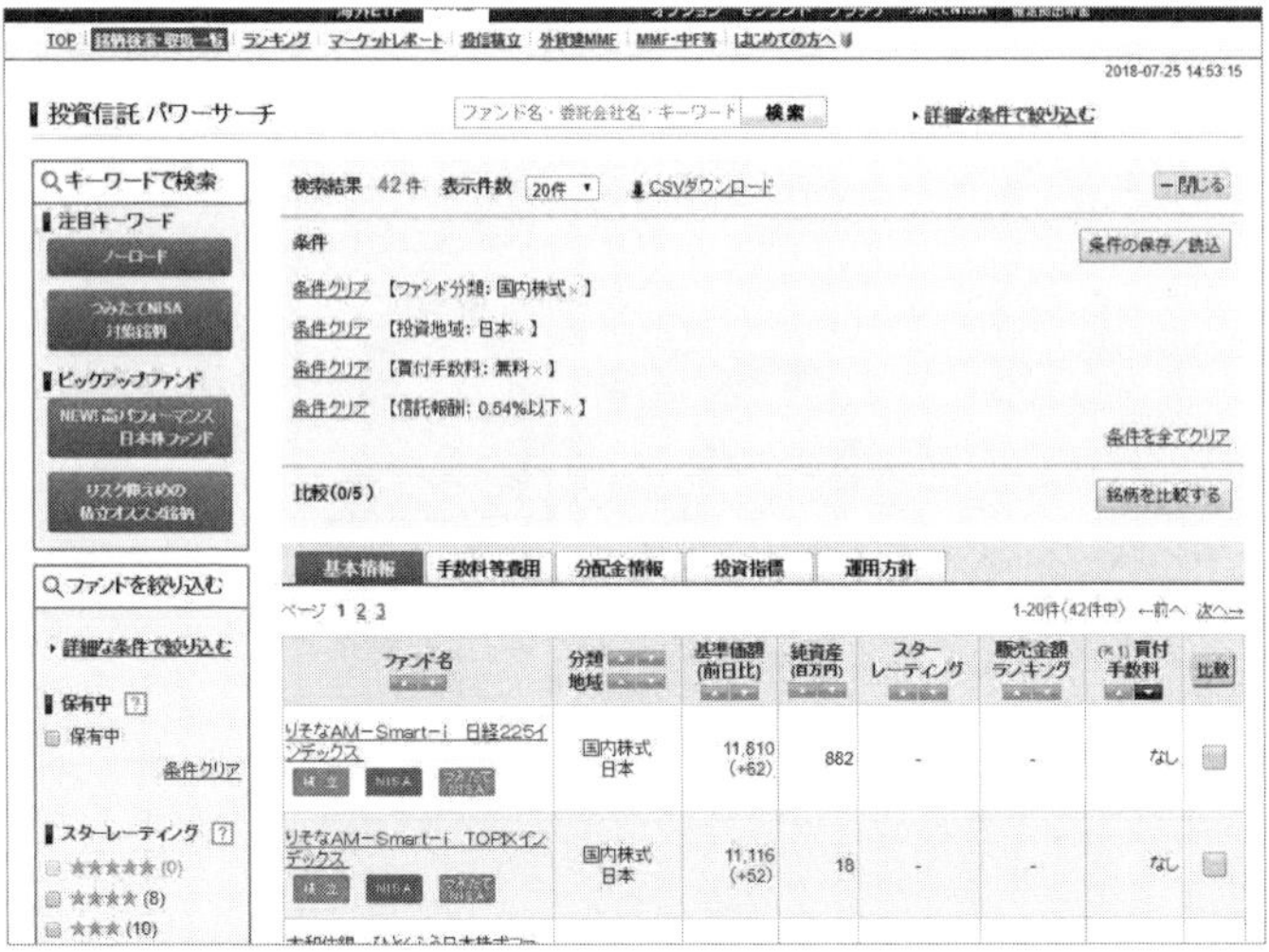

SBI証券の銘柄検索の画面

信託報酬は約0・1%〜3%まで幅があります。ETFは信託報酬が低い傾向があります）。

❷運用方針を見る（目的が書かれています。アクティブ運用か、パッシブ（インデックス）運用か）。

❸トラックレコードという過去の収益実績や運用成績があれば見る（標準偏差、シャープレシオ、トータルリターン）。

❹レーティング（格付け）は参考までに見る。

リバランスを忘れないで

基本ほったらかし、時々チェック リバランスのすすめ

投資を実際に始めてみると、初心者の方はとくに値動きが気になって1日に何度も口座にログインしたくなるかもしれません。しかし、投資信託は1日に何度も資産残高をチェックしたところでなんの変化も起こりません。それは、値段が決まるのは1日1回と決まっているからです。ひとつの商品はいろいろな銘柄がパッケージ化されていますから、投資対象のマーケットが終わった後、それぞれの投資銘柄ごとに終値を集計する必要があるためです。反対にいえば、1日の取引可能時間内であれば、**何時に買い付けても規準価額は変わりませんから、忙しい方も安心して購入できる**のです。

ETFは株式同様に、リアルタイムで値動きがわかり、タイミングで購入するこ

とができます。ただ、今回おすすめしている商品はETFだけで構成はしていませんし、結局のところいつ底値をつくか、高値になるかを正確に予想することは誰にもできません。ですから、**基本ほったらかして気にしないほうがいい**のですが、それでも気になって胸がざわざわしてしまったら、なんのために自分が資産運用を始めたのか、いつでも初心に戻ってみることです。将来を考えて、子どもの教育資金や自分の老後資金を無理のない範囲でつくっていこうと目標を立てたことを忘れていませんか？

「じぶんちポートフォリオ」はあくまで、長期での資産形成を目的にしています。どっしり構えて日々の資産価値の変動に振り回されないことです。仮に、１００万円の積み立てが株価の大暴落で50万円になったとしても、世の中の終わりではありません。まして人生は続いていきますから、パニックになる必要は何もないのです。

長期の資産運用は苗木から大きな木を育てるようなもの。明日すぐに花が咲き、実をつけるというものではありません。コツコツ水やりをして、時々肥料をあげたり、台風に襲われて枝が折れてしまったら剪定《せんてい》して形を整えてあげたりして、根気よく成長を見守る。その先においしくて立派な実が収穫できます。

ですから、残高チェックは月イチくらいですればよく、運用資金が少ないうちは数カ月に1回くらいでもいいと思います。

その際、**最初の資産配分から大きく乖離《かいり》していないかを確認**しましょう。大きくバランスを崩しているものがあったら、資産配分を調整します。これを「リバランス」といいます。

たとえば、当初のポートフォリオでは、「外国株式」30%、「外国債券」10%、「国内株式」20%、「国内債券」30%、「金」10%で購入するのをおすすめしましたね。

その後円安が進んで、外国株式、外国債券が上がり、「外国株式」40%、「外国債券」15%、「国内株式」15%、「国内債券」20%、「金」10%になったとしたら、その崩れてしまった配分を元に戻すようにするのです。

具体的には、外国株式を10%、外国債券を5%売却して、その資金で国内株式を5%、国内債券を10%購入する。もしくは、「国内株式」と「国内債券」を買い足して、当初のバランスに近づけます。

ポイントとして、**リバランスも売買のタイミングを分散して行う**とさらによいです。

いっぺんに調整したとたん、相場が大きく変動したなんてことがあると、そのリスクを負ってしまう可能性があるためです。リスク10％で運用していれば、万が一そのような事態になっても回復することはお伝えしましたが、できる限りリスクは取らないほうがいいに決まっています。バランスが崩れている資産を数％ずつ売買したり、買い足したりしながら**2、3カ月かけて元の配分に戻していく**というのが理想です。

分散投資を成功させるには、このアロケーションはとても大切です。「外国株式」30％、「外国債券」10％、「国内株式」20％、「国内債券」30％、「金」10％という配分はリターン・リスクのうえで最も効率がよい組み合わせになっていますから、それが崩れすぎてしまうとリスクが高まって運用もうまくいかなくなる可能性があります。

また、このアロケーションは年代によって変えるべきだという意見も聞きますが、私としては、その必要はないと考えています。

たとえば、若いときはアクティブに外国株式を多めの投資をして、収入が減ってきた人は債券を増やしましょう、という考え方です。株式を多めに持つことも、債券を多めに持つことも、投資家の年齢に関係なくリスクはリスクです。全世代において、できるだけリスクを低く、安定して高めのリターンを取っていくことを目標にしたアロケーションになっていますので、**どなたがいつから始めても効率的な資産運用が叶えられる仕組み**になっています。

マイインデックスを活用してみよう

『myINDEX』（https://myindex.jp）という個人投資家のためのインデックス投資専門のサイトがあるのをご存じでしょうか。

このサイトに無料登録すると、自分の資産配分をグラフ化して管理できたり、「みんなのポートフォリオ」といって、ユーザーのつくったポートフォリオと自分のポートフォリオを比べることができます。それは自分のアロケーション、配分率がみんなと比べて効率がいいかどうかをチェックするのにとても役立ちます。

自分のアロケーションを入力すると、自分のリスク、リターン、シャープレシオが数値で出てきますから、それがグラフの中のどのあたりにあるか、というのを調べてみてください。**自分がリスク10%、リターン5~7%を狙っているとして、そこから大きく外れていたらリバランス**を考えます。

「みんなのポートフォリオ」というのは、グラフ上に青い点がランダムに1000件散らばっているのですが、リスクとリターンを考えた場合、「有効フロンティア」といって、青い点の散らばりの最も上の部分を取っていくと最も効率よく運用できていることになります。その線は、リスクとリターン（85ページ）の図で説明したような曲線を描いているのがわかります。リスク10%、リターン5~7%で運用されていれば、有効フロンティアに近いところにいるはずです。

こういうものを見ると、ハイリスク・ハイリターンを狙っている人から、ローリスク・ローリターンで安定一番で運用している人まで幅広く、いろいろな考えの投資家がいるのがわかります。

要は、人によってリスクの許容度というものは違うので、変動幅が20%でもへっちゃらな人もいれば変動幅は5%以内じゃないとダメという人もいる。ただ、自分のリスクの許容範囲まで考えるのは難しいことだと思いますし、そういったことは投資を続けていく中で、自分の感覚として養っていくものではないかと思います。

ただ、リスクが高くて、相場が気になってしかたないようなドギマギする投資を私はおすすめしませんし、穏やかな投資ライフを目指したい方や、初心者で難しいことはまだわからないという人は、お伝えしているように、リスク10%、リターン5〜7%を毎年狙っていくようにしていくといいと思います。

買ってはいけない！

Merry Christmas
いろんな金融商品があるんだー
金融ジャーナル
金融マガジ
ミホさん　ちょっと待って
いきなり後ろに立つのはやめてください大井先生
投資を始めていろんなものが気になってるのね
売る側→高く売りたい
買う側→安く買いたい
金融機関は金融商品を売ることで儲けているの
基本的に売る側と買う側では利害が一致しないのよ
せ…
どうしたんですか…
先生…
営業マンのいいなりにならないでよーく考えてね
投資の世界にもブームが在ります
″これからよくなる″なんて誰にも言えないはず
金融マンが自信を持ってオススメしてくる商品は
ビシッ
まず疑ってみてください!!
言い切った!!

悪魔のささやきに気を付けて！

金融営業マンの「おすすめ」を買ってはいけない

投資の世界に興味を持ちだして、自分で商品を検索してみたり、ビジネス雑誌などを読むようになると、**悪魔のささやきに耳を傾けてしまう人がいるので要注意**です。

金融機関はどうやって儲けているかといえば、金融商品をつくって売ることです。たとえば、ファンドというのは売っておしまいではありません。むしろ彼らは販売中、もしくは保有中にいかに手数料をかけて収益を上げるかを一生懸命に考えています。

証券会社や銀行の営業マンが嘘をついて詐欺商品を買わせるようなことはありませんが、法に触れないギリギリの線で、金融機関にとっておいしい商品、つまり投資家にとってはまずい商品を買わせようとしてくるものなのです。

「名の知れた大手の証券会社だから安心」「みんなが知ってる銀行だから大丈夫よね」ということも一切ありませんから、営業マンの言うことや、店舗においてあるチラシなどに惑わされないようにしてください。わかりやすい例としては、非常に低いリスクで高いリターンの商品を勧めてくるようなケースです。はっきり言って、そのような都合のよい商品はありません。大体からくりがあって、手数料をがっぽり取られていたりします。本当においしい商品が存在するのならこのご時世、ネットで瞬く間に情報が広がるでしょうし、みんなそれに投資します。

長期の分散投資に向いているような商品は、金融機関は積極的にすすめたがるものではないのです。購入手数料はノーロードが増えてきていますし、少額からできますから、彼らにしてみると儲けが少ない薄利多売な商《あきな》いなのですね。買い手にとって低コストな良品は、売り手にとっては利幅の少ない商品ということです。金融機関にとって儲からない商売のため、インデックス投資は誰もがやっているといえるレベルまで広がらないのかもしれません。

いずれにしても、彼らにとっては仕事でありボランティアではありませんから、稼ぐためには手数料を取るべし、と当然のように思って甘い言葉を囁《ささや》いてくるのです。

証券会社の営業マンが「いい商品があります」と売りにくるときは、その商品が一番高騰しているときだったりもします。投資の世界にもブームがあります。少し前はインド株が一時流行《はや》っていました。そうすると、「インド株、今スゴい調子がいいです。この後、上がると思いますから、買い時ですよ」と個人投資家に売りにくるのです。その後、その言葉どおり値上がりして儲かる人もいますが、スゴく調子がいい相場の後には、スゴい下げ相場も来るものです。

上げ止まりも下げ止まりも誰一人として正確に当てることはできないもの。これからよくなるなんて、誰もわかりません。銀行や証券会社が自信を持ってすすめてくるおすすめ商品は、おすすめ商品ではないと思ってください。

人の心理として、自分がよくわからないものとか、高額のものほど、売り手に依存して買う傾向があります。留守番中のおじいちゃん、おばあちゃんのところに訪問販売業者が来て、高価な羽毛布団とかマッサージチェアを買わされたといって家族が激怒しているというような話を耳にすることがありますが、それと同じで、投資の世界でも、「中身はよくわからないけど、営業マンが一生懸命説明してくれたから」とか、「いい人だから」と人柄で買うことを決めたりしてしまうということが実際に起こるのです。

まだ購入したものがモノだったら、不具合があれば返品できたり、消費者センターに相談できたりもします。しかし、金融商品というのは、実体がないため、味見をするとか、試すということもできませんし、売られた後のことは自分で責任を負うしかありません。そのぶん、自分が選ぶ基準をしっかりと持っていないとならない。「いい営業マンだから」という理由で購入してしまうのは無責任ですし、みずから進んでリスクをしょいこんでいるようなものです。そのファンドが大暴落して資産がすっからかんになってしまったら、元も子もありませんよね。

これから投資をスタートし、月数万円でコツコツやっている間は、営業マンが押し掛けてきたり、電話がかかってくることはほぼないと思います。でももしあなたが、窓口がある証券会社や銀行に出掛け、「投資のことで相談したい」と言ったら必ずおいしいことを言う営業マンが満面の笑みでついてくるでしょう。

運用資金が数千万円と大きくなってきたり、退職金などまとまった大きなお金が銀行口座に振り込まれたりするタイミングも彼らの営業チャンスです。実際、銀行員が退職金を元手に投資をしてもらおうと営業をかけてくることはよくあるようです。自分も大きなお金を手にして気が大きくなっていますから、つい相手の口車に乗って、すすめられるがままに商品を買ってしまったなんてことのないようしてください。

1年、2年で本当の景気のよし悪しはわかりませんし、**長期の資産運用は10〜30年で考える**もの。数年で成果は出ません。**「騙《だま》されない、焦らない、欲張らない」**。資産運用にはこの3つが鉄則です。

ランキングを鵜呑みにしない!

ランキングに騙されない

口座を開くと、商品選びをするために証券会社などの検索機能を利用するようになる人が多いでしょう。そのとき、**ランキングの上位にある商品**に誰もが興味を覚えるはずです。しかし、**そういった商品を安易に選ぶと危険**です。

ランキング上位なのだから、人気のある太鼓判の商品のように思うかもしれませんが、そんなことはありません。

ランキングの種類にもよりますが、短期で売買されて取引量が多い商品がよくランキング上位に入っています。売り買いが多くなれば販売の嵩《かさ》が出ますから、自然と上位に入ってくるのです。こういうものは総じて長期の資産運用には向いていません。初心者は安易に手を出してしまうと大やけどを負いかねません。

確認材料としては、**その銘柄の標準偏差や運用方針をしっかり見る**ことです。ひとつ例をあげると、最近大人気の商品に「日本株4・3倍ブル」というものがあります。これは日本株の4・3倍、上にも下にも値動きがある商品となります。この商品のトータルリターンを見てみると、2年で80％となっています。これは、ここ2年で日本株のマーケットは約20％アップしたのですが、その4・3倍になるので80％ほどになります。そこだけ見ると、なんてスゴい商品だと思うかもしれませんが、ある日の標準偏差を見ると55・23という数値が出ています。この数値は、株式の標準偏差の約2・75倍と、正直、尋常ではありません。要は、下にも上にも55％程度動く可能性があるということです。急上昇するか、急降下するか。つまり、一か八かに賭けている商品ということです。

たとえば、今年は元本100万円が30％上昇して、130万円になった。でも翌年30％減ったら、130万の30％減になりますから、39万円マイナスで91万円となり、元本割れしてしまうということです。これはまさに賭け事です。やっているときは、下がってもまた上がればどうにかなると思ったりするのですが、30％上がっても30％

ダウンとなるようなことを繰り返していたら、どんどん元本は減っていきます。つまり、リスクが驚くほど高く、思ったほどリターンがある商品ではないのです。ただ、投資にこのような刺激を求める人は多くいるのです。だから取引量が多く、ランキングの上位に入ってくるのだと思います。でも、**「標準偏差」を確認する、シャープレシオを長期間で見る、手数料を見る、**など、ここまでお伝えしてきた金融知識があれば十分に防げるものです。うまい話には必ず裏があると考えて、しっかり情報の確認をするようにしましょう！

格付けの星の数は参考程度に

ランキングとともに、商品にはモーニングスターレーティングという格付けがされていることも多いものです。ＳＢＩ証券にはモーニングスターという格付け専門会社が星を出しています。

星がたくさんついていたら、やはりいい商品だと思ってしまいますよね。でも実際は違います。もしレーティングが完璧だったら、星5つの商品を並べてポートフォリオをつくれば完璧なものができるはずです。しかし、そうはなりません。星が参考になる場合もありますが、あくまで参考程度。すべてを鵜呑《うの》みにしないほうがいいと私は思っています。

モーニングスターの格付けの傾向として、シャープレシオの上位10％に星5つが付けられています。シャープレシオの数値が高いことはいい商品という判断材料のひとつですが、モーニングスターの場合、星の数は基本的に過去3年間の実績を元にしています。**3年間の実績というのは、長期運用をするほうからしてみると、短い**印象です。商品を個別に深掘りしてみると、過去10年まで遡《さかのぼ》って運用成績が見られるものもありますから、そこも参考にしたほうがよいでしょう。株式マーケットはこの3年間非常に伸びており、リスクが低くリターンが高い状況です。マーケットがよかったために星が5つ付いたということも考えられるからです。

格付け会社は結果に対して責任を負うわけではありません。やはり自分の資産は自分で守ること。**仮に有望な銘柄があったとしても、それに集中投資することはあまりにも危険**です。

世界経済はまだまだ成長している！

「投資で損をしたくない」「失敗したくない」という恐れのために、どうしても身構えて、一歩を踏み出す勇気を持てないでいる人もいるかもしれません。

長期運用をするというのは、その間に世の中でさまざまな経済のアップダウンがあっても一喜一憂せず、**あくまでマイペースでコツコツ投資を続ける**ということです。たとえて言えば、マラソンランナーのように、自分のペースでコツコツ長距離を走り続けるようなものです。

そもそも世の中の景気のよし悪しは、短期間で見れば多少のデコボコがあっても、10年単位で見るとトレンドがわかります。**現在の世界経済は着実に成長しているの**です。

次ページの表は、過去約30年のアメリカ、日本、新興国などの平均株価の累積リターン、いわば経済の成長率を表した表です。

TOPIXの一番下のラインが日本です。どうでしょう。日本だけがこの30年間、他国の成長から隔絶されたような印象を受けませんか。

日本経済はバブル崩壊後、長期にわたって低迷を続け、現在は雪解けから回復の兆しが見えてきたところにいますが、TOPIX（日経平均株価）を見ると、過去30年間でプラス30%しか増えていません。一方、アメリカのS&Pは1750%で17・5倍増えています。そのほかは平均して10倍の増加です。大まかにいうと、世界経済は日本のバブル経済の勢いのまま成長を続けているイメージです。この間、**サブプラ**

なぜ海外投資が必要なのか

・海外のほうが成長性の高い投資機会が多い

資料:SAIL作成

イム問題があり、リーマンショックがありましたが、ちゃんと株価は上がって、今日まで推移しているのです。

私は20年近く、アメリカのウォール街の投資銀行で仕事をしてきたのですが、アメリカでは、日本のように公的な社会保障制度が整っていませんが、国の保障に頼らなくても、投資を行って資産をつくり、自分の人生や家族を守るという考えが浸透しています。確定拠出年金に当たるものも種類があり、自分の収入や将来のビジョンにマッチしたものも選びやすい環境です。彼らは、ITバブルの崩壊やリーマンショックのときも継続して積立投資を行って、今日ちゃんとした資産運用の効果を得られています。ですから、**アメリカ人の多くは、投資をしないのは損という考えが一般的**です。

そんなことを言っても、今後50年、80年先はどうなるか。世界経済はマイナスに……なんてことはないのかと思う方もいるでしょう。

こればかりは確実なことは誰も言えないと思いますが、その可能性は極めて低いと私は思います。なぜなら、人は成長を求める生き物だからです。「よりよいものが欲しい」「もっといい暮らしがしたい」「よりスゴいものを創って世の中に売り出したい」「世間に認められたい」など、理由はさまざまですが、そういった欲や競争心、向上心、希望といったものが、便利な商品や、すばらしいアイディア、ビジネスの仕組みを生み出してきました。医学やテクノロジーの進歩、生産性の向上といったものもすべて成長です。

長い歴史を見れば、人類は戦争や天変地異、疫病などのパンデミックに幾度となく襲われながらも力強く生き延び、成長してきました。

その人間の強さを信じてください。世界経済がダメになって進歩が止まるというのは、私たち人類が原始時代に戻るのと同じくらい、あるいは地球の終わりくらいありえないことだと思います。

「もう経済は十分成熟したんだからゼロ成長でもいいじゃないか」という「反成長」の考え方を昨今よく見聞きしますね。経済成長より心の豊かさを求めようというような話です。

頑張りすぎはよくないですし、心の豊かさは大事。それは当たり前のことで、それと「経済成長を目指さないこと」はまったく別物です。現役世代やこれからの社会を担う子どもたちが成長を目指さなくなったら、一生懸命働く意欲や将来への希望がなくなり、だらだらと貧困社会に陥ってしまいます。

持続可能な、つつましくも幸福な社会であっても、お金はかかります。田舎で自給自足や仙人のような暮らしをすればいいと考える人もいるかもしれませんが、誰もができることではありませんし、何をするにも、ある程度お金はかかります。

多くを求めないとしても、せめて今の幸福が続くように、自分や家族を守る資金をつくっていく。そのためには、コツコツお金を増やしていくことが必要な時代に私たちは生きているのです。お金は手段です。本当の目的は、足りて幸せな生活をずっと続けることです。私たちが投資をする理由は、今、目の前のお金を将来のために活かそうと、将来に希望があるからこそできる行動なのです。

投資は、実は社会貢献にもつながっています。ある会社の株を買うということは、その会社を応援しているのとイコールです。投資は、自分の未来だけではなく、社会の未来をも創っていることになるのです。

まとめ 長期の資産運用の心構え「コツコツ」「低リスク」「税優遇制度活用」

ここまで一気に投資の基礎についてお話ししてきました。おさらいの意味も込めて、要点をまとめておきます。長期の資産運用の指針にしていただければ幸いです。

最終的に、あなたには「じぶんちポートフォリオ」をつくってもらえるようになっていただきたいと思っていますが、まだ漠然としている部分もあるでしょう。それがどのようなものであるのか、全体的なイメージをとらえていただくためにも、次に記す5つの「心構え」は、折に触れ、読んでみてください。

❶分散投資をする

分散投資をして、リスクを減らしながら長期運用します。

「じぶんちポートフォリオ」は、外国株式、外国債券、国内株式、国内債券、金という5つの資産で、5〜10程度の商品に分散投資をするシンプルな構成をとります。しかも、これらの商品は証券会社（ＳＢＩ証券、楽天証券等）に口座があれば、誰でも簡単に買うことができます。

やみくもに分散投資をしても意味がありません。十分な金融や投資の知識がないまま分散した場合、あらゆる商品に手を出してしまうなど、リスクコントロールが難しいものでした。自分でポートフォリオの中身を把握したうえで購入できるようになると、リスクを抑えながら資産を増やすという計画を実行できるようになります。金融機関のプロに分散を頼んでいた人はそのぶん手数料を抑えることもできます。

❷投資の手間がかからず、ストレスフリー

「じぶんちポートフォリオ」は、あくまで長期での運用による資産形成を目的としています。短期間の売買による収益を上げることを目的としていません。目の前の勝った負けたに一喜一憂する投資ではないのです。

投資というと、デイトレーダーのように常に相場に張り付いているとか、海外のマー

ケットがオープンする時間に合わせて早起きしてパソコンとにらめっこするようなイメージがあるかもしれませんが、そのような必要は皆無です！　月に一度チェックすれば十分で、4半期に1回、半年に1回でも大きな問題はありません。投資の手間は取らせません。

「勝った負けた」という投資に疲れた人は、ストレスから解放されますし、投資に費やしていた時間を自分や家族のために取り戻すことができるでしょう。

❸時間を味方にライフプランに合わせて資産がつくれる

長期のライフプランニングを行うと、子どもの教育資金が思いのほか重くのしかかることに驚く方が大勢います。また、日本は高齢社会と言われますが、その傾向は今後さらに進み、そのしわ寄せで公的年金の減額や受給年齢の引き上げが予想されます。自分で自分の老後資金を蓄えておくことは急務です。ちなみに、65歳以降に年金以外で必要とされる最低限のお金は夫婦で約3000万円と言われています。

「じぶんちポートフォリオ」では、10～30年の長期スパンで運用シミュレーションを行います。リスクは10％（株式の半分以下）、リターンは5～7％に高めることで安定運用を行い、将来の資金需要に備えます。

年7％のリターンで運用すれば、投資資金が10年で約2倍、20年で約4倍、30年で約8倍に増えます。

これまでリスクの高い短期的な投資を繰り返していたり、長期で始めたつもりが世の中の金融ショックなどにあって投資をやめてしまうなどして、着実な資産を築くことができていない人にとっては、安定的な運用手法を取り入れ、長期的に続けることで、着実に資産を増やすことができます。

❹お金があってもなくても投資できる　１００円からでも可能！

投資というと、経済的に余裕がある人がするものだというイメージを持っている人が意外に多いようですが、分散投資ができるインデックス投信というものは、極端に言えば１００円からでも購入が可能。つまり１００円から投資ができる時代です。

自分で無理のない範囲から積立投資が始められるのは、初心者さんはとても安心だと思います。

まとまった資金をお持ちの方は、一度にドバッと投資をするのではなく、月イチから年間4回程度に分散して投資することで、リスクを減らす方法をおすすめしています。

❺自分で金融商品を選ぶ力がつく

金融商品の販売業者である証券会社や銀行は、「投資家にとってよい商品」というよりも、「販売業者にとって売りやすく儲かる商品」をすすめてきます。

でも、「じぶんちポートフォリオ」をつくり、自分で金融商品を見極める力がついてくると、自分の力で資産を増やしていくことが可能になります。資産を増やすという観点では、NISAやiDeCoの税優遇制度が生かせる商品を選んでいくことも欠かせません。

これまで証券会社や銀行員の言うままに購入したのに、ちっとも儲かっていないという人も、見直しのときです！

川瀬さんの懺悔

実は、はじめての投資で大損してしまった！

僕は今でこそ、長期の資産運用で堅実でハッピーな投資ライフを送っていますが、**過去にＦＸ投資で大失敗**をした経験があります。みなさんが同じような道を歩まれないよう反面教師にしていただきたいと思い、お話ししておきます。

僕がＦＸ投資を始めたのは、10年ほど前です。20代後半で、それがはじめての投資経験でした。

ＦＸ投資のＦＸというのは Foreign Exchange の略称です。かんたんに言うと「通貨を売買して儲けるトレード」といった感じです。株式投資は、多くの企業の中から値上がりしそうな会社の「株式」を選んで買うわけですが、ＦＸは各国の「通貨」を選んで買うことになります。

そのＦＸ投資が２００８年頃、ちょうど今の仮想通貨のような盛り上がりを見せていました。今の仮想通貨取引所のＣＭのごとく、ＦＸ業者のＣＭがバンバンテレビで流れていて、「儲かる、儲からない」という話題を毎日どこかで耳にしました。僕も「今やらなきゃ損かもしれない」と思ったのです。

当時のＦＸは、とにかくレバレッジが高かった。レバレッジはひと言で言うと、自分の資金の何倍ものお金を動かすことができる仕組みです。自分の口座に入っているお金を担保に、当時は20倍、25倍、海外だったら２００倍という架空の資金をつくってトレードすることができました。つまり、レバレッジをかけると、自分の元手が10万円だとしても、１００万円を持っている設定で投資できますから、うまくいけば10倍の利益が出ます。そのメリットにみんな一斉に飛びついたのです。

ただ、レバレッジのメリットはそのままデメリットにもなりえます。10万円を元手に100万円の投資をして、利益が出ればおいしいのですが、反対に損も10倍になるのです。

FXは、レバレッジをかけると利益も損失も大きくなるという「ハイリスク・ハイリターン」の典型です。しかも、相場は常に値動きしていますから、売り買いのタイミングを見誤ると、ほんの一瞬で大金を失うことにもなるという**ギャンブル的要素も強い投資法**なのです。

そういったリスクを当初から知ってはいたのですが、周りに儲かった話があふれていて「損するわけはない」と思い込んでいました。

まず僕は手始めに最初の半年間、証券会社のデモ口座でFXのお試し運用をしてみました。FXにしては手堅く1~3倍という低いレバレッジで運用していたのですが、それでも半年のデモ運用で、100万円が1000万円に増えた。

「これならいける！」。そう思って、実際、そのデモ取引をしていた証券会社の口座に現金30万円を入れてリアルな運用を開始。ところが、**なんとたった3カ月ですべて**

パーに!!　口座残金ゼロになってしまったのです。

一介のサラリーマンだった当時の僕にとって、30万円は大金で、「ボーナスをつぎ込んだぞ。絶対に稼いでやる！」と意気込んでいたのに、その結末は実にあっけないものでした。「嘘でしょ？　パソコン壊れた？」と無駄な抵抗をしてみたりして、本当にゼロになったんだと確信したときは、茫然《ぼうぜん》としました。

「高い授業料を払った」と、今でこそ思えますが、直後はそんなものに手を出した自分を責めてみたり、30万円があれば欲しかったあれが買えたなあと後悔したり。だって、ただただパソコンの前に座って、パパパパッと変わる画面をちょっといじっている間にあっという間に消えてしまったような感覚だったからです。リアルなお金の取引というよりも、ゲームで負けてしまったといったほうが断然しっくりくるあっけなさや虚《むな》しさを感じました。でも、これはゲームでもなんでもなく、リアルに自分のお金を失います。

ＦＸのチャート画面を実際にご覧になったことがある方はわかると思いますが、パッパッパッと画面がリズミカルに変わる様子はコンピューターゲームのようで、ハマってしまう人が多いのです。架空のお金とリアルなお金の境界線が自分の中で徐々にあやふやになる感じもゲームっぽい。そうこうしているうちに、破産してしまったり、**すべてを失う可能性もある非常に怖い投資**だなと痛感しました。この一件から、僕には投資の才能はないと思い、投資とは距離を置くようになりました。

投資、再デビュー！

その約3年後の2012年、僕はサラリーマンをやめてコンサルタントとして独立したのですが、そこがひとつの大きな転機になりました。

一人になってみると、世の中の不安定さが身に染みました。すべて自分次第なので、やりがいもありますが、なんの保障もないわけです。当時は、大企業が経営難で潰れてしまったり、リーマンショックもあったり、これまで「大丈夫」と言われていた概念がひっくり返るような出来事が次々に起こり始めた頃でした。どうにか食べていくお金は稼いでいましたが、「これから自分はどうなるのか」「どうしていけばいいかな」と日々模索していました。

大井さんとの出会いもその頃です。

大井さんも、本格的に事業をスタートされた頃で、日本の個人投資家のために本当に役に立つ金融をやりたいというビジョンを語ってくれました。

その中のひとつに、「じぶんちポートフォリオ」もありました。本書でお伝えしているような、個人でもできる分散投資、アセットアロケーションの考え方がすでに盛り込まれていて、僕はそこにすごく共鳴しました。**安定的に増やせる理屈がしっかりと理解できた。**当時の日本ではまだまだ馴染みの薄い考え方で、これが実現したら、これからの不安定な時代、自分の人生を安定させるのに必要不可欠な考え方になると思ったのです。

それから行動を共にさせていただくことになり、僕は実際に「じぶんちポートフォリオ」の実践者となるべく、分散投資を始めました。投資「再デビュー」です。

分散投資も、くくりで言えばＦＸと同じ「投資」ではあります。ただ、やっている側の心境は月とすっぽんです。

ＦＸのときは、ピリピリ、ドキドキ、仕事中も気になってしかたなかった。本心を言えば、四六時中、画面に張り付いてチャートを見張っていたい。売り買いのポジションをとることを「ポジる」というのですが、まったくポジるべき場面でないタイミングでも、やることがないとついポジりたくなってしまうのです。そういう症状を「ポジポジ病」と呼んでいましたが、どれだけ中毒性があるものかおわかりいただけると思います。自分は間違いなくポジポジ病患者だとわかっていましたが、やめられないのです。１日中、ＦＸのことで頭がいっぱいで、心はどったんばったんしていました。

長期の分散投資では、そのようなことは一切ありません。心は穏やかそのもの。

１日１回ぐらい管理画面を開くことは開くのですが、１日で大きく結果が変わることはありませんから、非常に安心していられます。FXのギラギラした世界をかじったものからすると、「こんな投資もあるんだな」と心底思いますし、ああいった**アブナイ賭けをしなくても、着実にお金を増やしていける**ことを、多くの人がまだ知らないでいるのは、なんてもったいないんだ！　と思うようになりました。

不安がある人こそ、資産形成が強い味方になる

「じぶんちポートフォリオ」は2012年からスタートしました。今でこそ、SBI証券なり、楽天証券なりに口座を持てば誰でもすぐに始められますが、当時は個人が気軽に分散投資を行うのは難しい状況でした。実際にETFが国内ではじめて買えるようになったのは2001年ですが、10年近く経った2012年の段階でもまだまだ購入できる種類が少ない状況でした。

2014年の1月に**NISAが誕生したことで環境が大きく変わった**と感じます。

さまざまなインデックスファンドが数多く登場してきました。それに合わせるかのように**投資信託の手数料も下がってきています。**ですから、低コストに長期分散投資を行える環境が整ったのはここ3、4年ということなのです。証券会社のシステムや購入できる商品が増えるのに合わせて、「じぶんちポートフォリオ」は進化してきました。

僕個人としては、「じぶんちポートフォリオ」の最大の恩恵のひとつとして、**投資を「資産形成」レベルで行うことができるようになった**ことです。

ＦＸ投資をしていた頃というのは、ギャンブルレベルで行っていたＦＸ投資を資産運用だと思い込んでいました。ただ「儲かるか、損するか」の投資を資産形成だと本気で思っていたのです。

ちょうどこの5年の間に結婚して、今1歳の子どもがいます。その意味でも、「じぶんちポートフォリオ」を持ち、ライフプランを考えながら資産形成をスタートできたことが大きな財産になっているのです。

本書でも後述しますが、これまでに「ライフプランを考えるのはめんどくさい」と思った方もいらっしゃるのではないでしょうか?

でも、ライフプランについては、実際にやってみたほうが考えがスッキリして、将来に対する漠然とした不安が消えて、それこそストレスフリーになれるのです。

たとえば、10年後にはこんなところに住みたいという希望が出てきたり、自分は何を優先して生活したいのかなど、ぼんやりしていた願望がはっきりとなってきます。そして、その望みのためには、一体いくら必要か、何をすべきかという具体的な目標もおのずと見えてきます。そのために、投資を始めようとか、保険を整理するという行動とつながっていきやすく、先行きの不安も減っていくのです。

僕の場合は妻と話し合ってキャッシュフローをつくったところ、やはり子どもの教育費が一番必要となりました。そこで、資産形成は教育費を貯めるということを当面の目的にしています。具体的には、約18年後、子どもが大学入学の頃に3000万円貯められるようにNISAの限度額いっぱい1200万円フル活用する運用をしています。そのためには、大体月10万円を掛ける計算です。

毎月10万ずつ積み立てるのは、実際大変です。できないときもあります。ただ、ライフプランをつくると、人生は世界や身の回りで何が起ころうとも生きている限り続いていくんだ、ということを実感するんです。そのためにお金を有効に積み立てて、「じぶんちポートフォリオ」をつくっておけば、大体のことはどうにかできる。見通しが悪い世の中ではありますが、そういった社会の不安に飲み込まれずに、自分でちゃんと歩いていく準備を整えていくことができるのです。

自分が独立したこともありますが、「じぶんちポートフォリオ」では、リスクを減らすために商品を分散投資します。これは、生き方にも生かせる考え方だと思っていて、やはり会社でも収入でも何かに頼り切るということが難しい世の中になってきている。そういうときに、「これがダメでも、こっちがある」「それがダメでも、あっちがある」といろいろなオプションを持っていることは自信にも安心にもつながります。

ひとつのことにすべてを賭けるのではなく、いくつかの引き出しを用意しておいて、全部一緒に育てるというビジョンが、資産形成においても、これからの生き方においても大事だと思うのです。

実際自分がそのような気づきを得て、**「じぶんちポートフォリオ」で資産形成を始めたことは、大きな安心感**になっています。

僕はFXで大損して投資の怖さを身をもって体験していましたが、みなさんはそんな思いはしなくていいんです。今は手軽に長期で分散投資ができるようになりました。この2、3年で、環境はどんどん個人投資家にとっていい方向に流れてきています。商品が揃って、制度が揃って、あとは買う人たちが育てばいいという状態まできていると思います。

アロケーションの黄金律を守っていれば、少々失敗しても問題なし！

子どもの教育費については、誕生してすぐ、2016年の暮れからNISAを始めたのですが、ほぼ毎月10万円を積み立てて、今、1年半で、190万円強に増えています（2018年8月現在）。大体、5％のリターンは維持しています。

本来なら、もう少しリターンがとれていたのかもしれないのですが、買って失敗した商品が2つあったのです。去年一番大きな失敗が、今が最安値だと思ったときに、国内のリート（不動産）をドカンと買ってしまったこと。毎月コツコツと買っておけばよかったなと反省してます。

もうひとつは、独断と偏見でロシア株のETFを買ってみたのです。去年、ロシアはアメリカと組んで復活するはずだと僕が勝手に感じてしまったことがあった。ロシアにはシェールガスが埋まっていて資源がまだまだいっぱいあるしと思ったのですが、その通りにはならなくて下がったままです。それでも潜在的な成長力はあると思うので、ずっと長期保有しつづけています（笑）。この2点は本書では紹介していない商品で、あきらかに読みが外れているわけですが、安心してほしいのは、そういうことをしても、**年あたり5％のリターンを確保できている**ということです。「外国株式」30％、「外国債券」10％、「国内株式」20％、「国内債券」30％、「金」10％というアロケーションをベースとしているため、全体的に安定性が高いからだと思います。

長く投資をやっていると、応援したくなる国とか、サポートしたい会社とかが出てくるかもしれません。そういうものを試すとしても、**基盤のアロケーションをしっかりつくっておいて、比率から大きく外れないようにすれば大丈夫**だという証拠です。

第3章

人生100年時代、お金との賢い付き合い方

とりあえず運用を始めてみたけど…
もっと真剣にライフプランを考えてみたいな
テーマ 100歳まで生きるとして
いい傾向ね ミホさん
びし!
人生には4大支出というものがあるの
①結婚資金
②子どもの教育資金
③マイホーム購入資金
④老後の資金
……
…ぜんっぜん想像つかないって
ヤバくないですか
まあそういうものよ
ライフプランを考えると実際自分に必要な額がわかって投資のはげみにもなりますよ
必要な額をカンタンに試算できるシートをプレゼントします 本書の巻末をご覧ください

毎月いくら投資できるかを考えてみよう

「どのくらい投資したらいいのか」「自分にはどのくらい投資に回す余裕があるのか」。資産運用をする際の大きな悩みどころですね。

「月5万円貯蓄しているうちの半分を投資に回してみようかな」くらい、気軽に考えてはどうでしょうか。とりあえず見切り発車をしてしまったとしても、ここまで説明したやり方でコツコツ運用していけば問題ありません。

でも、せっかくですから、**あなたのライフプランをしっかり考えて、将来必要なお金を見極める**ことができたらさらにいいと思いませんか？　目標が定まり、投資にも、働くことに対しても意欲が増すでしょう。

ライフプランを考えると、「今」の行動がすべて将来の自分につながっていることがわかります。今の働き方が将来の収入を決めていきますし、今のお金の扱い方しだいで将来の自分の在り方も変わります。65歳の自分をイメージしてください。きっと今の自分より体力は衰えているでしょう。もしその時点で十分な蓄えがないとしたら、なんとか日々の暮らしを維持できるように働き続けることだけが選択肢になっているかもしれません。元気で働き続けることができるのは、幸せなことだと私は思いますが、ある程度経済的な余裕があって働き続けるのと、食べるために働かなければならないのとでは、精神的な幸福感は違うのではないでしょうか。

もしその時点で自由に使えるお金があったらどうでしょうか。家をリフォームすることができるかもしれませんし、家族旅行にも行けるかもしれない、その資金を元に新しい事業を興すこともできるかもしれません。

もちろん、長期投資は老後のためばかりではありません。自分はどのような人生を歩みたいのか、結婚や出産、住居、子育て……ライフプランはあなたの夢の数値化といってもよく、ひとつひとつの選択をしっかり考えて行動していくことで、思い描いた通りの生活を手に入れる可能性は高まるのです。

ライフプランを考えるうえで役立つのが、「じぶんちポートフォリオ」です。「じぶんちポートフォリオ」の概要をおさらいすると、「預貯金」「債券」「株式」「保険」といった具合に自分の資産が全部入ったバスケットのようなものとお伝えしました。ライフプランを考えるというのは、いわばその土台、バスケットそのものをつくるようなものです。ライフプランが明確であればあるほど、計画性が増し、どの時期にどれだけの費用が必要かがわかるからです。

人生の4大支出を押さえておこう

では実際に、ライフプランを「見える化」するにはどうしたらいいか、何から手をつけたらいいのか、わからない人も多いかもしれません。ライフプランを考えるうえで必要なことは、以下になります。

☆ライフプランに必要なこと☆

・現状を把握する
・人生の夢や計画を明確にする
・夢や計画を実現するための年間収支と貯蓄残高を予測する

ライフプランは1万人いたら1万人の異なるプランがあります。まさに十人十色ですから、ここではモデルケースとして一般的にかかるとされる費用や、考え方をお話ししておきたいと思います。

まず知っておいてほしいこととして、**「人生の4大支出」**といわれるものがあります。

❶結婚資金　❷子どもの教育資金　❸マイホーム購入資金　❹老後資金

の4つです。参考として次ページに平均的な金額の表を設けました。

ライフイベント：4大支出の例

	イベント	金額（円）	備考	費用別計（円）
結婚費用	結婚式	4,438,000	（ゼクシィ結婚トレンド調査 2016 参考）	5,408,000
	新生活準備費用	970,000		
教育費	私立幼稚園	1,626,000	542,000円×3年間	13,968,000
	公立小学校	1,848,000	308,000円×6年間	
	私立中学校	3,711,000	1,237,000円×3年間	
	私立高等学校	2,943,000	981,000円×3年間	
	文系私立大学	3,840,000	960,000円×4年間	
マイホーム	マイホーム（マンション）	41,358,000		52,930,000
	住宅購入時諸費用	1,654,000	41,358円×4%	
	住宅ローン金利	9,918,000	3,000万円借入30年ローン金利年2.0%	
老後資金	老人ホーム入居費	5,000,000		56,990,000
	老人ホーム利用料	45,000,000	（250,000円×12か月）×15年	
	葬儀費用	4,000,000	2,000,000円×2名	
	永代使用料	1,338,000		
	墓石代（工事費含む）	1,652,000		
	合計	129,296,000		129,296,000

出典：「せたがやお金の教室」セミナー資料　田坂康夫氏作成

❶結婚資金

この表ですと、結婚費用は500万円強かかるとなっていますが、これひとつとっても、考え方はいろいろです。ホテルで挙式をするのと、いわゆる挙式や披露宴なしの「ナシ婚」をするかだけでも違いますし、結婚式となると親からの援助やご祝儀などでカバーできるぶんもあるので、一概には言えません。結婚を考えている人は、自分はどんな結婚式をしたいか、考えておくとよいでしょう。

❷子どもの教育資金

教育費は、何人の子どもを育て、どのような教育を受けさせたいか、本人が何を学びたいかということによってもまったく変わってきます。たとえば、幼稚園から高校まで公立校に通った場合（約540万円）と、私立校に通った場合（約1770万円）とでは、**約3・28倍の費用の差**があります。さらに公立大学か私立大学か、その間の仕送り（平均約895000円：東京私大協連「私立大学新入生の家計負担調査」）が必要かによっても変わってきます。大学生の子ども2人に仕送りをしていたら、それだけで月に約

学校種別の学習費総額（1年間）

区分		学習費総額（円）	公私立比
幼稚園	公立	233,947	2.1
	私立	482,392	
小学校	公立	322,310	4.7
	私立	1,528,237	
中学校	公立	478,554	2.8
	私立	1,326,933	
高等学校（全日制）	公立	450,862	2.3
	私立	1,040,168	

（資料）文部科学省「平成28年度学校基本調査報告書」

18万円が必要になり、相当な家計の負担になると考える家庭のほうが多いのではないでしょうか。

・マイホーム購入資金

マイホーム購入を考えている人は、**物件価格以外にもさまざまな資金が必要になってくる**ことを頭に入れておきましょう。住宅ローンの借入費用や、不動産登記にかかるお金、家具購入や引越し代金、中古物件であればリフォーム代など、さまざまな初期費用が発生します。それが馬鹿にならないのです。住宅購入時の諸費用の目安としては、新築分譲マンションが購入額の3〜5％、新築分譲一戸建てが購入額の4～5％、中古住宅が購入額の6～10％と言われています。

最近では、頭金が0円でも住宅ローンを組むことが可能だったりする物件もありますが、そうなれば当然、住宅ローンの借り入れが増え、毎月の返済額がアップします。可能であれば、物件価格の2割程度の頭金を用意して、繰越返済をしていくことが理想です。

また、最近はあえて一生賃貸で過ごすという考えが選択のひとつとして出てきました。マイホーム取得をすれば資産になるわけですが、そのぶん固定資産税を払う義務が生じたり、気軽に引っ越しできないことをデメリットととらえる人もいるでしょう。

さまざまな仮定に基づいて金銭的なシミュレーションをすることも可能ですが、どちらを選ぶにせよ、「人それぞれ」の事情や考え方によります。というのも、住居に求める条件や負担可能額、そして自分の満足度などは人それぞれ異なるからです。

現在および将来の家族構成、都会か地方かなどによっても、ライフプランへの影響が変わります。さまざまな視点から比較検討してみましょう。

ひとつ言えることとして、住宅費は、家計の大きな部分を占めています。マイホーム派の人も、賃貸派の人も、その備えとなるお金は必要です。

マイホームの頭金を貯めることや、家賃数年分の貯蓄を用意すると決めたなら、**NISAなどで投資信託を積極的に利用する価値はある**と思います。

・老後資金

日本人の生存率は年々伸びていて、女性は90歳までの生存率が50％。男性は、25％なのですが、80歳となると男性でも50％の生存率となっています。

これまでは老後というと一般的な定年の年齢である60歳以降をイメージしている方が多いと思いますが、60歳から30年、40年もの人生の時間がある。もはや、「老後」というひと言では片付けられないと思いませんか。私は、**ネクストステージだという意識で人生設計を立てていったほうがいい**と思っています。

30歳くらいの方は、「そんな先のこと……」と感じているかもしれませんが、声を大にして言いたいのは、40歳、50歳を迎えるというのは、思う以上にあっという間です。その10年、20年の間に先々を考えずに過ごしてしまうのは、今の日本の状況では危険なように思います。

まず、老後働けなくなったとして、65歳の年金受給が始まってから25年間の間にどれくらい月にお金が必要か、次ページの表で確認してみてください。

なんと、夫婦2人で3800万円近く不足、単身でも2200万円の不足となります。これはモデルケースですから、受給される公的年金にも違いがありますし、家族構成によってイベント費も変化があるでしょう。楽観視できないのは、今後、**受給される年金はさらに少なくなるかもしれないし、物価が高くなればこれ以上必要な場合もある**ということです。

また、昨今、政府が打ち出している働き方改革の目的は、今後ますます労働者人口が減少していくため、多様な働き方を可能にし、できるだけ多くの人に働いてもらい、労働人口の減少をカバーしていこうとするものです。

働き方改革の課題のひとつに、高齢者の就労促進というものがあります。高齢者にもできるだけ長く働いてもらいたい、それとともに年金の支給開始年齢を引き上げていこう、という案が検討されています。

老後にかかる費用

老後25年間（65～90歳）の総費用の目安（単位：円）

夫婦世帯	1カ月あたり	1年あたり	25年間
必要生活費	268,000	3,216,000	80,400,000
イベント費	81,000	976,000	24,398,000
合計	349,000	4,192,000	104,798,000

単身世帯	1カ月あたり	1年あたり	25年間
必要生活費	156,000	1,872,000	46,800,000
イベント費	74,000	888,000	22,200,000
合計	230,000	2,760,000	69,000,000

老後25年間（65～90歳）の収入の目安（単位：円）

夫婦世帯	1カ月あたり	1年あたり	25年間
公的年金	221,000	2,652,000	66,300,000
不足分	128,000	1,540,000	38,498,000
合計	349,000	4,192,000	104,798,000

単身世帯	1カ月あたり	1年あたり	25年間
公的年金	156,000	1,872,000	46,800,000
不足分	74,000	888,000	22,200,000
合計	230,000	2,760,000	69,000,000

総務省「家計調査」平成28年より。公的金額は平成29年度モデル年金額

＊ 必要生活費（食料、住宅、光熱・水道、家具・家事用品、衣料、保健・医療、交際費、交通・通信費、教養・娯楽、その他）
＊ イベント費（老後の旅行、マイカーの更新料、子どもの結婚費用の支援、孫のお祝い、住宅リフォーム、老人ホーム入居金、親の老人ホーム入居金、葬儀費用、お墓購入費・永代供養料）
＊ 公的年金は、厚生年金に40年間加入していた場合の受取額を参考

出典：「せたがやお金の教室」セミナー資料　田坂康夫氏作成

現状日本では、基本的に65歳から年金の支給開始となっていますが、世界的に見るとまだ早いほうで、いずれ開始時期が繰り上げられることは予想できます。

そうなると、問題となるのが定年後から年金が支給されるまでの間、どうやって食いつないでいくかということ。貯蓄がなくても健康で働き続けられればなんとかなるかもしれませんが、病気やけがなどで働くことができなくなったうえ、年金も貰えないとなると、本当に困りますよね。

高齢者にも働いてもらおうという案には、もうひとつの側面があります。

終身雇用という制度は崩壊しつつあり、年金の支給額もさらに減少していくであろうということ。それに備えて、個人でリスクヘッジを視野に入れて長く働き続けるためにスキルを磨くなり、年金不足に備えてください、ということです。

企業も国も、丸抱えで一生を面倒見ることは、もはや不可能であると言っているのです。

もしかしたら、フリーエネルギーが尋常でないスピードで進歩して、あらゆるものが無償になるかもしれないし、ＡＩなどの人工知能が産業形態を根っこから変えて、働き方やお金の価値がまったく変わってしまうかもしれません。

何を信じるかはあなたの自由なのですが、未来は誰も予測がつきません。ただ、現状のような世の中が続いていくと仮定したら、今、自分の未来や家族を守るためにできる経済的な手立てをしていくほうがいいと思いませんか。

次の表は、公的年金が支給される65歳までに２５００万円積み立てるとした場合、ｉＤｅＣｏなど税制優遇を活用したとして、毎月いくら積立金が必要かを表した表です。

私の投資塾やセミナーの参加者の方のほとんどは、この表を見せると**もっと早く資産運用を始めればよかった**とおっしゃいます。将来に対してあまりにも無防備だったと反省します。

年齢が若いうちに早くスタートすればするほど、毎月の積立金が安くてすみますし、

税制優遇を活用した資産形成

公的年金が支給される６５歳までに２５００万円積み立てるには、
毎月いくら積立て金が必要か。

積み立て開始年齢	利回り（減債基金係数を使用・複利計算）						
	1%	2%	3%	4%	5%	6%	7%
25 歳	41,667	35,417	27,083	22,917	16,667	12,500	10,417
30 歳	50,000	41,667	35,417	29,167	22,917	18,750	14,583
35 歳	60,417	52,083	43,750	37,500	31,250	27,083	22,917
40 歳	72,917	64,583	56,250	50,000	43,750	37,500	33,333
45 歳	93,750	85,417	77,083	70,833	62,500	56,250	50,000
50 歳	129,167	120,833	112,500	104,167	95,833	89,583	83,333
55 歳	200,000	189,583	181,250	172,917	166,667	158,333	150,000
60 歳	408,333	400,000	391,667	385,417	377,083	368,750	362,500

出典：「せたがやお金の教室」セミナー資料　田坂康夫氏作成

たくさん積み立てることができれば、そのぶん資産が上乗せできることは言うまでもありません。

私たちがいつもセミナーで提供している「ライフイベントでかかる費用を計算できるシート」、また、資産運用の結果とライフイベントでかかる費用を予測し、「未来のキャッシュフローを予測できるシート」を読者のみなさんに無料でプレゼントいたします。

詳細は書籍巻末をご覧ください。

5〜10年以内で必要な資金と
20〜30年と使うまでに時間がある老後資金
この2本立てで資金形成を考えてみましょう
NISAとiDeCoかあー
よく聞くけどわからないのよねー
老後の資金は大切よね
大井先生？
国の年金制度は破綻するのが目に見えてるし
また
言い切った!!
国は制度をつくるだけで
あとは自分で上手くやってねという態度なのよ
せ・・先生・・
詳しくは次章でお話しするわ♡

近い将来必要な資金はＮＩＳＡで、老後資金はｉＤｅＣｏで

ライフプランの中でとくに支出が大きい4つを見てきましたが、そのほかにも起業を考えているとか、車が欲しいとか、自分が留学するお金を貯めたいなど、人それぞれ希望があるでしょう。

子どもの教育資金も貯めたいし、マイホームのローンも繰越返済したいし、老後資金も心配……すべてどうにかしたいと思う人もいると思います。

現実的な考え方として、**5〜10年以内で必要な資金**と、20年、30年と使うまでに時間がある**老後資金の2本立てで資産形成を考えてみましょう。**国が推奨する非課税制度をめいっぱい活用します。

5〜10年以内に使うであろうお金、たとえば結婚資金はNISAで、教育資金はジュニアNISAで、というふうに運用してみます。

NISAは年間120万円まで投資することができ、5年間の利益が非課税になる制度です。

たとえば、結婚前の5年間、その制度を使って結婚資金をつくる。結婚後は、子どもの教育費はジュニアNISA、マイホーム資金はNISAを使えばOKです。

若い方はとくに、老後資金に備える余裕がないという方もいらっしゃるのですが、お伝えしているように日本の年金制度の状況は楽観視できるものではありません。先送りせず、これから結婚する、しないも関係なく、少額でもかまいませんから、**未来の自分に仕送りするつもりで確定拠出年金をスタート**していくのがベターです。

iDeCoやNISAについての詳細は、次の章をお読みください。

NO!
ブーッ
むかーし
保険のおばちゃんに
勧められるまま
入った
生命保険だけど…
これも資産と
考えて
いいのかな?
NOT
おばちゃん
生保レディ
生保レディ
金利が高かった
時代と違って
貯蓄型保険は
意味ないの
保険の資産価値は
「今 解約したら
いくらになるか」なので
あまり大きな
資産には
ならないわ
日本は社会保障が
充実しているから
ミホさんみたいに
独身で
健康なら
民間の医療保険は
加入しなくて
いいくらいよ
数千円でも
大切ですから
そのぶん投資に
まわすとして
毎月発生する
固定費は
できるだけ
抑えましょう

その保険、本当に必要ですか？

自分のライフプランをつくって、その余剰資金から、運用を始めていくというのが理想ですが、現実として、今現在、本当にお金に困っているという人は、ただちに家計の改善をする必要があります。

毎月いくらの収入があり、家賃やローン、生活費などはどれぐらい出費しているか、といった収支を自分で確認してみることです。

通信費、保険料、食費、交際費、洋服やコスメ代など、必ず無駄な出費をしているはずで、とにかく1万円でも2万円でも捻出《ねんしゅつ》するために、家計を見直してください。

保険を見直すだけでも、そのぶん長期運用に回すことができるケースは多いものです。

保険は万が一に備えて掛けるものですが、意外に万が一のためになっていない人が多くいるのです。

まず、日本は国の保険（社会保険）が充実した国です。それに加入しているのであれば、その内容を理解して、だぶって同じような民間の保険に入るような無駄をしないことです。国の保険で補えないぶんを民間の保険で補う、という考え方をしてみましょう。**独身の若く健康な人などは、国の保険に入っているならば、民間の医療保険はゼロでいい**くらいかもしれません。

たとえば、病気やけがで働けなくなって収入が途絶えたらどうしようという不安があっても、会社員ならば健康保険から標準報酬日額の3分の2の傷病手当金が支払われます。しかも最長で1年半という手厚いものです。それを知らず、所得補償保険（就業不能保障）に加入しているとしたら、そのぶんは投資に回すことができます。ただ、厚生年金のない自営業者の場合、傷病手当金はありませんから、そういった民間保険が必要と考えることは大切になるでしょう。自分に必要なものだけを選んで使い分けることです。

3大疾病（がん、心疾患、脳梗塞《のうこうそく》）といわれる病気は、かかってしまったときの経済的リスクが大きく、その他の比較的軽度、あるいは短期療養で回復する病気とは、受ける経済的ダメージが異なります。したがって、3大疾病は民間の保険で補い、その他の病気は公的保険を中心に考えるなどして、**不要な保険はやめてしまってもいい**と思います。

また、どんな人も中年以降は、病気のリスクが高まりますから、**自分のライフステージに合わせて保険を見直す**ことも大切です。医療は日々進歩しています。若いときに入った古い医療保険のままではすでに内容が陳腐化していて、なんの保障も得られなかったなんてこともありえますよ。そうなったら今まで払ってきたお金は一体なんだったのかと思いますよね。

健康に関しては、すべての活動のベースになるものですから、生活習慣を見直して、病気のリスクそのものを抱え込まないようにする努力も必要だと思います。

貯金？　それとも投資？

資産形成は、貯金、投資、保険の3本柱で考えることがベストです。

貯蓄はある程度必要ですが、それだけでは不十分。投資は、時間を味方にゆっくり育てる。保険は頼りすぎず、補完要因として考えます。

具体的に貯蓄はいくらあったらいいのか、という問いの答えは、本当に人それぞれです。目安として月収の3倍の貯蓄があれば不意の出費に耐えられるといわれていますが、半年分ないと不安とか、1年分は必要など、多いに越したことはないと考える人が多いようです。

実際、万が一の備えとしての現金は、**100万円あれば大体まかなえるのではないでしょうか。**大ケガで入院してしまったとしても、子どもがボールか何かで遊んでいて隣の家のガラスを割ってしまったというようなアクシデントがあっても、ガラス1枚に100万円かかるとは思えません。急なリストラにあってしまったとしても、会社都合であれば1カ月で失業手当給付金がでます。考えてみると、本気で困るような不意の出費が必要なケースというのは、実はそんなにないように思います。

現時点で、「100万円も貯金がありません」という方もいらっしゃると思いますが、その場合でも、今から貯金と投資、ダブルで資産形成してほしいと思います。月1万円ずつ、貯金と長期運用にそれぞれ積み立てて、徐々に増やしていけばいいのです。

第4章

NISAとiDeCoをフル活用しよう！

川瀬さん!!
NISAとiDeCoについて教えてください!!
押《オ》忍《ス》!
やる気になりましたね…ミホさん!!
ちょ…ちょっと川瀬さんも…?
きっちりお教えしましょう!!
オス!
まずは!!
メモメモ!
投資で得た利益には一律20%の税金がかかります!!
これを5年間ナシにしてくれるのがNISAです!必ず活用しましょう!
SBI証券や楽天証券なら
NISAで購入すると購入手数料が無料になったり
いいことづくしです
こちらも活用しましょう!

それと
ミホさんはフリーランスですから
自分年金ともいえるiDeCoを活用するのもいいですね
iDeCoも分散投資が基本よ
これね忘れないで
外国株式30%
外国債券10%
国内株式20%
国内債券30%
金10%
そのほうがリターン・リスクの上で都合がいいの
オススメの商品はありますか?
はい!!
いろいろ研究した結果をきっちりお伝えします!!
でも投資はスポ根じゃないので
リラックスしていきましょうね
そうですね

NISAとiDeCoは使わないと損

長期・分散・低コストにかなった資産運用をするためには、税制優遇制度を使わない手はありません。

銀行預金の利息や、投資で得た利益には、一律約20％の税金がかかります。それをわかっていながらスタートしても、受け取る際にそのぶん引かれると「ウッ!!」となってしまうもの。ただ、この約20％の税金を5年間ナシにしてあげましょうという制度があります！　それが**「非課税投資制度」**です。

2014年からスタートしたNISAや、2018年にスタートした「つみたてNISA」、iDeCo（個人型確定拠出年金）、企業型DC（企業型確定拠出年金）といったものです。

証券会社に口座を開いて投資をしていたとしても、その資産をＮＩＳＡやｉＤｅＣｏを使って運用した場合とそうでない場合とでは、手元に残るお金が変わってくるのですから、優先してこの制度を利用しましょう。

証券会社に口座を開くとき、同時にＮＩＳＡ口座とｉＤｅＣｏ口座に申し込むことが可能になっていますから、ぜひそのように手続きしてください。なお、お勤めの方は、勤め先が企業型確定拠出年金（企業型ＤＣ）を行っている場合、個人型のｉＤｅＣｏに入ることはできませんから、まず総務部などに確認してみてください。

ＮＩＳＡもｉＤｅＣｏもそれぞれ一人１口座しか開くことはできません。ＳＢＩ証券にも楽天証券にも銀行にも、と金融機関ごとには持つことができませんから、やはり、**手数料が低く、銘柄が豊富な証券会社をＮＩＳＡやｉＤｅＣｏの口座として選ぶ**ことをおすすめします。

NISAで賢くお金を貯めよう

それぞれよい制度なのですが、目的にあった活用の仕方があります。説明していきましょう。

NISAは少額投資非課税制度のことで、「NISA」「つみたてNISA」「ジュニアNISA」の3つがあります。「NISA」と「つみたてNISA」はどちらかひとつしか選べませんから、どちらを活用するかを選ばなければいけません。

・「NISA」は1年に120万円まで非課税で投資が可能。その投資で得た5年間の利益には税金がかかりません。総額最大600万円までが非課税となります。

6年目からは、NISA口座から一番最初に開いた証券会社の通常の口座（特定口座か一般口座、詳しくは102ページ）に資金をスライドすることで、積立投資を続けることができます。ただし、6年目以降の利益には、解約するとき、約20％の税金がかかります。なお、いつでも解約することができ、現金化によるペナルティなどはありません。

・「つみたてNISA」は、1年に40万円まで非課税で投資が可能。20年間という長期にわたって積み立てができることがウリです。その投資で得た利益には税金がかかりません。総額最大800万円まで非課税ということです。
　また、「つみたてNISA」に選ばれているファンドは金融庁のお墨付きです。金融庁が、長期投資にふさわしい商品として、ノーロード、信託報酬を抑えることを徹底した、投資家の利益を最優先した商品が選ばれています。

・NISAと同様に、20年積み立てなくてもいつでも現金化することができます。

・ジュニアNISAは、子ども一人につき1口座開くことができます。1年に80万円まで非課税で投資が可能。その投資で得た5年間の利益には税金がかかりません。総額最大400万円までが非課税ということです。子どもが成人するまで積立金を据え置いても非課税のままですが、子どもが18歳未満で払い出しをすると、利益に対して税金がかかります。

「NISA」「つみたてNISA」「ジュニアNISA」ともに、運用益に対し課税されないのが最大の魅力です。たとえば、投資信託で運用して10万円の利益が出た場合、通常2万315円（=10万円×20・315%）の税金を支払うことになり、実際手元に残るのは8万円程度です。これらの制度を活用すれば、この税金を支払う必要がないということです。

NISA誕生の背景

なお、NISAが始まった背景には、国の「貯蓄から投資へ」という政策がありました。そこには2つの目的があります。政府が「貯蓄から投資へ」の流れが促進されることで、家計から企業への資金供給が拡大し、日本経済の活性化を狙《ねら》ったこと。もうひとつは、**年金の受取額が減っていく若年層に、資産形成を促したい**ためです。

ただ、従来のNISAは、政府が期待した20~40代の資産形成にあまり活用されていません。1年に120万円、最長5年間のみ非課税というのが、子育て世代には現実的なものとして響かなかったのかもしれません。実際、従来のNISAを一番多く活用しているのは60~70代のお金を持っている世代で、税の優遇を活用して、ますます資産を増やしています。

そこで考えられたのが、「つみたてNISA」や「ジュニアNISA」でした。

ｉＤｅＣｏが自営業者や一部の勤め人だけを対象としていたところから、条件はありますが、誰でも入れるようになったのも若年層の資産形成を応援するためなのです。裏を返せば、国はそれだけ個人個人でしっかり人生を生き抜くためのお金を確保してください、政府に頼らないで自分でなんとかしてほしい、と言っているのですね。

ｉＤｅＣｏで老後資金をつくる

ｉＤｅＣｏは、「個人型確定拠出年金」の愛称です。ざっくり言ってしまうと「老後資金を自分でつくるための制度」です。

私たちの納めた公的年金は、年金積立金管理運用独立行政法人（ＧＰＩＦ）によって管理・運用されています。２００１年度以降の16年間で、３・12％／年のリターンで運用されていますが、これでも私たちの老後を支えるのに十分とは言えません。

また、ご存じのように日本の年金制度というのは、リタイアした世代の年金を、現役世代がカバーする仕組みです。2018年の段階で2・2人に1人の老人を支えているといわれています。今後さらに高齢化が進み、子どもが減っていくことを鑑みても、ますます公的年金が苦しい状況になることは目に見えています。そこで考えられたのがiDeCoなのです。

iDeCoは**60歳までの間に毎月一定の掛け金を投資して、60歳以降に、運用した資産をまとめて受け取る**というものです。月々5000円から掛けることができ、上限は職業などによって異なります。

なお、厚生年金や国民年金といった公的年金を補う目的でつくられた制度ですから、公的年金に加入していることが条件になります。年金の未払いなどがあるとiDeCoにスムーズに加入できないこともありますので、心当たりのある方は日本年金機構などに問い合わせてみるとよいでしょう。

iDeCoは所得控除が最大のメリット

iDeCoの最大のメリットは、**掛け金が全額、所得控除され、所得税・住民税が安くなる**ことです。

たとえば、年収500万円の会社員が毎月2万円をiDeCoで積み立てた場合、年間で約4万8000円もの節税になるのです。これはiDeCoの運用成績に関係なく税金に反映されてお金が戻ってくるのですから、とてもお得です。

また、iDeCoではNISA同様に、**運用期間中に得られた利益にも税金がかかりません。**得られた利益をまるごと次の運用に回せるので、利益がさらに利益を生む複利効果の恩恵を最大に受け、雪だるま式に資産を増やすことができます。

iDeCoの場合、運用資産を受け取るときも、「退職所得控除」「公的年金等控除」といった制度があり、節税メリットが受けられます。

運用した資産は60～70歳までの間に、「一時金」「年金」「一時金と年金の両方」の3つのいずれかの形式で受け取ることができます。いずれを選択しても、税金の優遇が受けられます。**一時金の形式で受け取れば「退職所得控除」が、年金の形式で受け取れば「公的年金等控除」が受けられ、所得税が安くなる**のです。

いいことずくめのiDeCo制度に思えますが、デメリットもあります。運用した資産が60歳のときにどのくらいの額になっているかは、そのときになってみないとわかりません。運用しだいで積み立てたお金（元本）を上回ることもあれば、下回る可能性もあります。つまり、自分の投資判断しだいで、将来貰える資産を大きく増やすこともできれば、損をしてしまうこともありえるということです。

NISAとiDeCoをどうやって使い分けたらいいの？

ライフプランでお伝えしたように、NISAとiDeCoは併用が可能ですから、**両方使って資金形成をしていく**ことをおすすめします。

ただ、運用資金にあまり余裕がなく、どちらかを優先する場合は迷ってしまう人もいるでしょう。

考え方として、「子どもの学費のために」「マイホームの資金のために」「結婚資金のために」などというのも、はっきりとした使う目的がある場合は、iDeCoに多く積み立てても60歳まで引き出せませんから、NISAに比重をかけて積み立てるほうが建設的といえます。

反対に、結婚、マイホーム、子育てなどのお金のかかる人生のイベントがすでに終わっていたり、シングルで何より老後資金の安心が欲しいという人は、iDeCoのほうに比重を置いて資産形成するとよいでしょう。

iDeCoは60歳まで引き出すことができませんから、続けられるかどうかと心配になる方が多いようですが、本当に老後のお金が心配なのであれば、むしろ「60歳まで絶対におろせない」ということをメリットと考えるべきだと思います。

iDeCoの早期引き出しはたいへん難しく、60歳前に受給できるのは、原則、加入者の死亡、障害時と制限されています。国民年金や厚生年金が65歳まで受給できないとか、加入者の死亡時や障害時にしか受給できないとされているのと同じです。だからこそ、万が一自己破産が必要になるような状況になっても、差し押さえの対象にならないなど、**確実に老後のお金が確保される仕組み**になっているのです。

私たちは、今、お金を貯めておくことが将来の幸せにつながるとわかっているのに、現在の欲望や必要性に迫られて使ってしまったりします。

しかも、その将来が20～30年後で、目標額が３０００万円と言われたら、なかなかイメージできなくて、「払い続けられるかわからない」「30年後にどうなっているかわからない」と理由をつけて実行に移さなかったりするのが現実です。でもそれでは、何も変わりません。老後の不安も消えませんよね。

ｉＤｅＣｏは、年に一度１０００円単位で増額、減額ができます。場合によって掛け金の支払いを休むことも可能で、再開はいつでもできます。掛け金の支払いを停止しても、ｉＤｅＣｏの運用自体は続きますから、長い老後を考えると、私は**若いときからｉＤｅＣｏの運用も始めていただきたい**と思います。１９４ページの表をもう一度見てください。早く始めるほど負担が軽くてすみますし、時間を味方にして、資産を増やすことができるのです。

投資にお金を回したいばっかりに、今の生活がきゅうきゅうになって楽しめなくなるのは本末転倒ですが、自分が無理のない範囲でスタートして、いざとなれば見直しもできる。何も怖いことはないのです。

iDeCoの掛け金には上限がある

iDeCoは自分が加入する**公的年金の種類によって、掛け金の上限が変わってきます**から、まずそこを確認しましょう。

公的年金は、ざっくり言うと、第一被保険者（自営業者）、第二被保険者（会社員、公務員）、第三被保険者（専業主婦（夫）、パートでの年間収入が150万円（所得85万円）以内）に分かれます。

第一被保険者と第三被保険者の公的年金は、国民健康保険です。第二被保険者は、国民年金と厚生年金の2本立てになっています。iDeCoというのは、これらの公的年金では不足するであろう老後資金をカバーするためにあるわけです。

確定拠出年金は、**企業型**（**企業型DC**）と**個人型**（**iDeCo**）があります。

前述したように、お勤めの方は、まず自分の職場の総務部などに企業型の確定拠出年金（企業型ＤＣ）に加入できるかどうかを確認してください。会社が企業型ＤＣを行っている場合は原則、そこに加入します。個人で証券会社にｉＤｅＣｏ口座を開く必要はありませんし、そもそも個人型のｉＤｅＣｏには入ることができません。

勤め先が企業型ＤＣに加入していなかった場合は、勤め人であっても個人型のｉＤｅＣｏに加入することができます。その場合は、証券会社に口座を開くとき、ｉＤｅＣｏ口座もつくりましょう。

自営業者や専業主婦の方は、ｉＤｅＣｏに加入することになります。

自営業者の方は、上限金額が最も高く月6万8000円まで拠出できます。自営業では、厚生年金や退職金がありませんから、そのぶんをどうしようと不安に思っている人は非常に多いと思います。そういう方にとって、ｉＤｅＣｏを老後資金や退職金と考えて運用するのは大きな安心感につながるのではないでしょうか。

専業主婦の方は、夫が会社で企業型ＤＣ（企業型確定拠出年金、企業が毎月掛け金を積み立てて、加入者である従業員が自ら年金資産を運用する制度）に入っているとしても、ｉＤｅＣｏに入ることができます。

ただし、パート勤務をしている場合、２０１６年10月より、従業員５０１人以上の会社に勤めるパート社員は年収１０６万円以上で社会保険加入が義務となりました。つまり、夫の扶養から外れ、社会保険料負担が増えてしまったわけです。すると、所得税を取られるぶん、ｉＤｅＣｏで節税しても大してメリットがないという状況になる方もいるでしょう。所得税を払うのはいやだからと、年収１０６万円以下に抑えて働くという考え方をする方もいると思いますが、社会保険に入ることは悪いことばかりではないと思います。社会保険は傷病手当や出産手当金など保障が充実しています。さらに、厚生年金にも加入することになるので年金の上乗せもできます。65歳からの自分の年金の受け取り額を増やすことができるのです。

現在は、比較的大きな企業でパート業務を請け負っている人が対象になっていますが、今後この流れは中小企業にも組み込まれていくことが予想されます。なぜなら、日本の労働者人口はどんどん減っていますから、国は社会保障制度を充実させて、働

iDeCo（個人型）の拠出限度額

<table>
<tr><th colspan="2">被保険者区分</th><th>月の掛金上限額</th><th>年間の掛金上限額</th></tr>
<tr><td colspan="2">第1号被保険者（自営業者）</td><td>68,000円</td><td>816,000円</td></tr>
<tr><td rowspan="5">第2号
被保険者</td><td>会社員（会社に企業型DCがない）</td><td>23,000円</td><td>276,000円</td></tr>
<tr><td>会社員（会社が企業型DCに加入してる）</td><td>20,000円</td><td>240,000円</td></tr>
<tr><td>会社員（確定給付企業年金、厚生年金基金、企業型DCに加入している）</td><td rowspan="3">12,000円</td><td rowspan="3">144,000円</td></tr>
<tr><td>会社員（確定給付企業年金、厚生年金基金にのみ加入している）</td></tr>
<tr><td>公務員等</td></tr>
<tr><td colspan="2">第3号被保険者（専業主婦〔夫〕）
第2号被保険者の配偶者で年収が130万円未満の人</td><td>23,000円</td><td>276,000円</td></tr>
</table>

出典：https://www.ideco-koushiki.jp/guide

ける人にはもっと働いてもらい、税収入を確保したいと考えるからです。

今、パートで勤務されている方は、そういったことも頭に入れて、根本的に働き方を見直すことを考えてもよいかもしれません。

夫の扶養範囲という枠を外して収入を増やし、公的な保険や年金に入り、さらに、さまざまな節税メリットがあるiDeCoに加入する。iDeCoを行うことで、主婦であっても自分で自分の退職金をつくることができるとも考えられるのです。

たとえば30歳からiDeCoを月

年金とiDeCoの関係

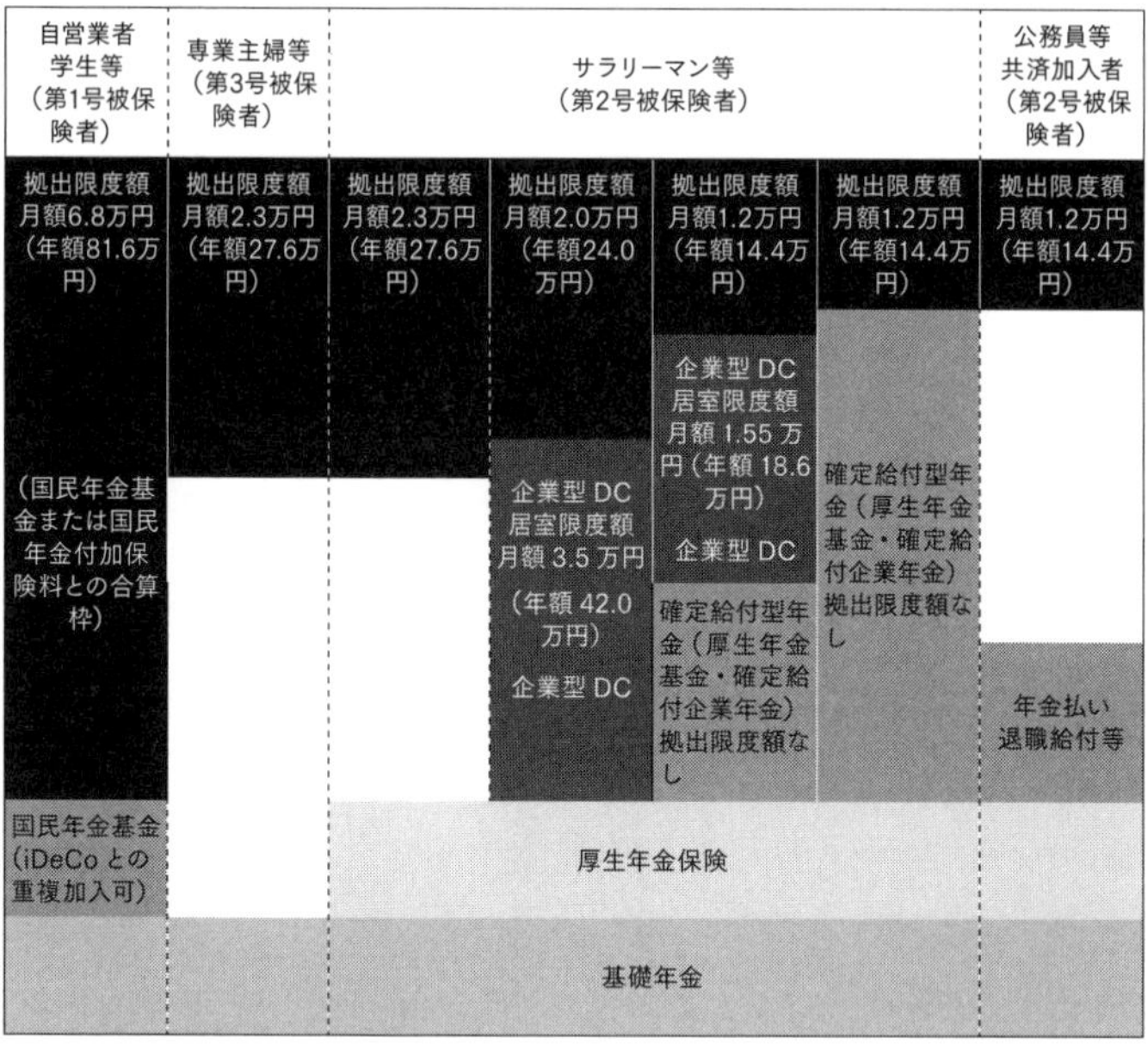

＊ iDeCoで網かけの部分を資産形成し、現在の公的年金にプラスすることで、不足するであろう老後資金を蓄えるイメージ

＊ 国民年金基金や国民年金付加保険料はiDeCoと併用可能。その場合、合算した金額で上限額以内にする

出典：https://www.ideco-koushiki.jp/guide

2万円の掛け金で30年間続けたとしたら、元本だけで720万円になります。月初で2万円ずつ掛けたとして、利回り7%で運用したとすると、運用による利益は約1734万円。iDeCoなら運用益には課税されないため、約2454万円もの受け取り額になります。

老後資金よりもっと近い将来のために貯蓄が必要ならば、NISAや「つみたてNISA」を活用するのももちろんよいでしょう。

主婦の方であっても自分が自由になるお金を確保しておくことができますし、その必要性がある時代になったのです。

50代、60代でもNISA&iDeCoを賢く活用！

iDeCoの加入条件には、20歳以上～60歳未満という年齢のしばりがあります。そのため、50代の方は敬遠されがちなところがあるのですが、実はそれはもったいないことです。

iDeCoは最低10年間は掛けていないと、60歳というタイミングで引き出せません。ただ、**55歳から始めたら**、加入期間は「4年以上6年未満」となり、**63歳から受け取りが可能**になるといった**加入期間等に応じた受給年齢**が設定されています。

積み立てたお金の全額が所得税の対象外になるうえ、運用の利益が非課税となりますし、受け取るときも節税メリットがありますから、加入期間が短くとも十分使える制度です。

一般的に、50代の人は若い世代より経済的にゆとりが出て、積み立てに回せる金額を大きくできる場合があります。短期間の運用になったとしても、上限額マックスで運用すれば、老後の資金作りの助けになるはずです。

確かに、掛け金の積み立て期間が短いというのは、それなりの老後資金が欲しいとなると、不足が出るかもしれません。そんなときは、ＮＩＳＡとの併用を考えてみるのもよいでしょう。

すでに60代を迎えている方は、ｉＤｅＣｏにはあいにく加入できませんが、ＮＩＳＡや「つみたてＮＩＳＡ」は遅くありません。ＮＩＳＡには所得控除のメリットはありませんが、ｉＤｅＣｏ同様に運用の利益に対する非課税のメリットがあります。

こんな考え方もあります。ｉＤｅＣｏは、最長70歳まで延長して運用が可能ですが、60歳で定年を迎えて所得がなくなった場合、掛け金の所得控除というメリットはなくなります。ですから、60歳以降は、ＮＩＳＡや「つみたてＮＩＳＡ」のほうが使いやすいのです。

「60歳で『つみたてＮＩＳＡ』を始めたとして、80歳でお金を受け取ってなんの意味があるのか」と思う方もいるかもしれませんが、たとえば、**60歳から80歳まで年間40万円を20年積み立てると、元本だけで800万円**になります。８００万円が準備できると介護費用として役立てることもできますし、かなり安心できるのではないでしょうか。もちろん元気で生活ができればそれに越したことはなく、旅行をしたり、おしゃれをしたり、趣味に勤《いそ》しんだり、楽しみいっぱいの老後資金として活用すればいいのです。

80歳になる前にまとまった資金が必要になった場合でも、ＮＩＳＡや「つみたてＮＩＳＡ」は途中で売却することができます。

たとえば民間で介護保険に入っているとしても、介護状態になったときにしか保険金は出ないことを考えると、ＮＩＳＡや「つみたてＮＩＳＡ」のほうが、使い勝手のよい自分ための老後資金になると思います。

これからのご時世、年金は減ることはあっても増えることはないでしょう。今あるお金を取り崩すばかりでは、80歳、90歳とさらに年を重ねたときに底をついてしまいかねません。

今日が一番人生で若いのです。投資というと、働き盛りの人が行うイメージがあるかもしれませんが、リタイア後の年金受給者であっても投資をしてはいけない、なんてことはないのです。何歳からでも老後資金を少しでも増やすという意識を持ちましょう。

気を付けてほしいのは、60歳以降に人生で初投資をしたとしても、**分散投資をしてリスクを減らし、コツコツと積み立てるというセオリーは変わらないことです。**

60歳以降というのは、退職金などまとまった大金を手にする世代でもあります。そうなるとつい気が大きくなって、銀行や証券会社の営業にのせられて、よくわからないリスクの高い投資商品を購入してしまったり、という話をしばしばうかがいます。お金を増やすつもりが、反対に老後資金を減らすことになってしまっては元も子もありません。おいしい話には安易にのらないことです。

今までずっと働いて貯めてきた大切なお金は、それが多くても少なくてもかけがえのないあなたの大事な財産です。あなたがあなたのお金のキャプテンになって、有意義に運用してあげましょう。人任せにして自分が理解できない使われ方をしてしまっては、キャプテン失格です。自分できちんと資産を守り、育てることです。

iDeCoで買うならコレ!

iDeCoは、DC専用商品という確定拠出年金専用のファンドから選ぶことになります。ただ、開いた証券会社や銀行によって取り扱い商品が異なるため、本書では、**SBI証券に口座を持つ場合のおすすめ商品**を次のページでお伝えしておきます。

選ぶ際のポイントとしては、日本株ならTOPIX、米国株ならS&P、日本を除く全世界の株であればMSCIコクサイといった、相場全体をカバーする指数に対して、よりセグメント(細分化)されて成績がよいものを選ぶことです。それは連動型ｉｎｄｅｘというところを見るとわかります。

たとえば、ＳＢＩ証券の外国株式では「ｉＦｒｅｅ　ＮＹダウ・インデックス」を選んでいます。外国株式の分類にはほかにも、「ＤＣニッセイ外国株式インデックス（ＭＳＣＩコクサイに連動）」などが候補として上がったのですが、ＮＹダウのほうがＭＳＣＩコクサイよりも成長性が高いので「ｉＦｒｅｅ　ＮＹダウ・インデックス」を選んでいます。

また、１２１ページのおすすめ商品では、日本株で「ラッセル野村小型コア・インデックス連動型上場投資信託」という中小型株を対象としたインデックスを採用していますが、ｉＤｅＣｏでは中小型株を対象とした投資を行う「ＳＢＩ中小型割安成長株ファンドジェイリバイブ〈ＤＣ年金〉」というアクティブファンドを組み入れています。

手数料としては、日本株インデックスファンドよりも高いのですが、**高い成長性を期待**しています。

SBI証券のiDeCoおすすめポートフォリオ

分類	投資スタイル	商品名	連動index	アロケーション
海外株式	パッシブ	iFree NYダウ・インデックス	NYダウ平均	35%
海外債券	パッシブ	三菱UFJDC新興国債券インデックスファンド	JPモルガンGBI-EMグローバル・ダイバーシファイド(円換算ベース)	5%
国内株式	アクティブ	SBI中小型割安成長株ファンドジェイリバイブ〈DC年金〉	(国内中小型グロース)	5%
国内債券	パッシブ	三菱UFJ国内債券インデックスファンド(確定拠出年金)	NOMURA-BPI総合	35%
内外株式	アクティブ	ひふみ年金	(国内中型グロース)	5%
国内不動産投信	パッシブ	DCニッセイJ-REITインデックスファンドA	東証REIT指数(配当込み)	5%
国内その他資産(金)	アクティブ	三菱UFJ純金ファンド(愛称:ファインゴールド)	金価格	10%
				100%

内外株式……実質的に国内外の株式市場の動きに連動する株式
国内不動産投資……リート(不動産)を資産に組み入れるかどうかは好みになるが、ミドルリスク・ミドルリターンの商品となるので、選択の余地が十分ある
中小型グロース……組入銘柄の時価総額平均が中型株、または小型株に属し、業績数値と市場価格から成長性が高いと判断される株式にフォーカスして投資するファンド

参考:SBI証券

iDeCoの場合もしっかり分散投資をしよう

iDeCoの場合でも、**「外国株式」30%、「外国債券」10%、「国内株式」20%、「国内債券」30%、「金」10%という配分でファンドを購入**したほうが、リターン・リスクのうえで効率がよいです。

iDeCoの場合はすべて投資信託になるので、配分割合通りの購入が可能です。割合を指定すると、きっちりそのぶんだけ購入されるので、NISAより誤差もなく設定しやすいと思います。

iDeCoの運用商品には、「元本確保型商品」と「価格変動商品」があります。元本確保型の商品を選ぶ場合のメリットは、一般の普通預金よりは利息がつく点と、

iDeCoに拠出するだけで所得税の控除がされる点です。元本をまったく減らしたくない場合は、所得控除の理由だけで、元本確保型商品を選んでもいいと思います。

ただ、iDeCoは拠出した時点で、60歳までという長期での投資が確定するので、やはり最終的には価格変動商品の投資信託を選んだほうが資産が増える可能性は高いです。もちろん、iDeCoで価格変動がある投資信託を選んでも所得税の控除はできます。

iDeCoの税金の戻し方を押さえておこう

iDeCoは掛け金が全額所得控除になりますから、場合によって**年末調整や確定申告が必要**になります。それをしないと、せっかくの恩恵を受けられないなんてことにもなりますから、気を付けてください。

公務員やサラリーマンの場合、勤め先で企業型ＤＣに加入している（給料から天引き）場合は、原則何もする必要はありません。

勤め先が企業型ＤＣを導入しておらず、個人でｉＤｅＣｏに入った場合は、年末調整や確定申告が必要になります。


ここで押さえておきたいことがあります。

証券会社などで口座を開設する際、「特定口座（源泉徴収あり）」「特定口座（源泉徴収なし）」「一般口座」の3種類の口座からひとつ選ぶように求められます（口座手続きの流れ、１０２ページ）。

このとき、「特定口座（源泉徴収あり）」を選んでおくと、金融機関のほうで源泉徴収をやってくれますから、自分で確定申告を行う必要がなく便利です。

「特定口座（源泉徴収なし）」を選んだ場合は、自分で確定申告が必要になります。

お勤めの方の場合は、毎年秋をすぎると生命保険会社などから年末調整に必要な控除証明書のはがきが送られてくると思います。iDeCoでは、国民年金基金連合会から払い込んだ掛け金の証明書「小規模企業共済等掛金払込証明書」が届きますので、それを会社に提出するなどして年末調整に反映してもらうことになります。なお、勤め先に提出を忘れた場合も、確定申告をすれば税金は戻ってきます。

「特定口座（源泉徴収なし）」を選んだ個人事業主の方も、「小規模企業共済等掛金払込証明書」を元に確定申告書へ転記していくことになります。

「特定口座（源泉徴収なし）」を選んだ場合のメリットは、たとえば、複数の金融機関に特定口座があって、投資を行っているけれど、年間トータルで利益が出ず、損をしてしまった場合、まとめて確定申告をすることで損失の繰越（最大3年間）ができます。損失の繰越をすることで翌年以降に利益が出ても、以前の損失分で相殺することができき、税金の納める額が少なく済みます。

「一般口座」とは何かということですが、一般口座は、正直なところ、現在メリットはほとんどなくなっています。自分で確定申告が必要ですし、金融機関からの「年間取引報告書」も届きませんから、すべて自分でつくり申告しなくてはなりません。

以前の一般口座は、「特定口座」では取り扱えなかった「公社債（国債や社債など）」などの商品を運用したい場合に選ばれていましたが、現在は特定口座でも扱えるものが多くなりました。

ですから、本書でおすすめする投資の場合は、「特定口座（源泉徴収あり）」を選んでおくとよいと思います。

はー…
いい天気ー…
10年前まで
いろいろ不安だったのがウソみたい
ずっとお金のコトを見て見ぬふりして過ごしてきたけど
あの時しっかりはじめの一歩を踏み出しておいてよかった…
元気そうね
先生!
川瀬さんも!
そうね…
生きていく限り人生とお金は切り離せないから
自分から積極的にお金とかかわっていくことで
気持ちも安定していくのかもね…

お金って…
お金だけの事じゃないんですよね
お金の不安を少なくすれば
仕事や人生に集中することができるんだもの
まあ
ちょっと欲しいものを買ったり
旅行に行ったり
そのへんも楽しみではあるんですけど
ところで
どのくらい資産はプラスになったのかな？
えっ
そっ
それはヒミツです！
生徒の実績はしっかり聞いておかなくちゃ
あはは
ワン!!

おわりに

「じぶんちポートフォリオ」については、拙著『お金の正しい守り方』（2012年、日経プレミア新書）ではじめて書きました。すると、ある読者から「自分と自分の家族のためのポートフォリオをつくり、運用しながら資産を守り、増やしたい。じぶんちポートフォリオはどこへ行けば買えるのですか」という問い合わせがありました。

そのときは、「残念ながらまだどこにも商品として店頭に並んでいません。私の頭の中にあるだけです」と答えました。「それでは、じぶんちポートフォリオをつくってください」と言われました。それから6年。**やっと「じぶんちポートフォリオ」を、誰もが自分でつくれるときが来ました。**

本書に登場する**インデックス投資やポートフォリオ運用は、機関投資家やプロのア**

セットマネジメント業界では、30年以上前から行われていました。実際、1990年代後半に始まったIT革命が浸透するまで、金融サービス業はいわば「装置産業」でした。大手銀行のディーリングフロアに設置されたテレレートや大型コンピューターといった大量の情報や証券売買を処理する装置がなければ、トレーディングが効率的にできなかった。そうした装置を個人で備えるにはコストが高すぎました。

今はIT革命のおかげで、個人のレベルでも株やFXのオンライントレーディングができるようになりました。同様に、個人が少額で分散投資しながら積み立てていくような便利なツールも次々と登場していますが、本当にここ数年のトレンドなのです。5、6年前には個人がパソコンやスマホで簡単に使えるツールがなかったのです。『お金の正しい守り方』の最後で、私は**「金融サービスの『スマホ化』が進む」**と予言し、今はその通りになっています。ネット証券で、安い手数料で、小口でETFや投信に投資できるようになっています。また、NISAやiDeCoを利用すれば節税しながら積立投資が可能です。

当初から、じぶんちポートフォリオは、ヘッジファンドやオルタナティブ投資商品をポートフォリオに組み入れて、相場動向と相関性の低い運用体制を目指しました。

しかし、実際、規制等の問題もあり、世界中にある優れたオルタナティブ投資商品を日本では一般の個人が購入できないことがわかりました。そして近年になって、バンガードのETFが日本に上陸し、「黒船が来た」と騒がれ、日本にもETFやノーロードなど米国では当たり前の個人向け投資商品が続々と登場するようになったのです。

こうして、ツールと商品、そして非課税枠という面で、「じぶんちポートフォリオ」をつくる環境がバッチリ整ったのです。

私にとってさらにラッキーなことに、30代半ばの川瀬紳太郎さんが「じぶんちポートフォリオ」のアイデアを理解し、賛同し、共同事業パートナーとして実験的な運用も一緒に行ってくれました。また私たちは「じぶんちポートフォリオ」を人々に広めるべく、セミナー活動も行い、資産を守りたい真面目な個人投資家のみなさんと面談し、直接ご意見や悩みを聞いてきました。ここ数年で多くのことを実戦で学びました。

このように、川瀬さんと私は、金融に関心のない若い世代、働き盛りの中高年、主婦、シニア世代でも誰もができる「じぶんちポートフォリオ」のつくり方とメンテナンス方法を工夫してきました。その結果、日本人が得意とする貯蓄の考えに基づき、積立貯金プラス・アルファの感覚で、コツコツ続けられる手順につくりこみました。幸い、ネット証券では一度設定しておくと「自動化」ができる、便利なツールが出てきています。将来は「自動運転」のように操作はラクになっていくと思います。

最近は「ロボ・アドバイザー」もありますが、しかし、他人任せ、ロボット任せはいけません。人生の目標を決めるのはみなさん一人ひとりです。お金やロボットは手段にすぎません。あくまでもご自身が責任を持ってポートフォリオを管理し、お金でトラブったり、ひどいストレスを抱えることなく人生をまっとうしていくことが大事です。

この本をつくるにあたり、ライターの林美穂さんにも大変お世話になりました。川瀬さんと私は、「投資運用をしたことのないまったくの初心者」である林さんにもわかってもらえるように「じぶんちポートフォリオ」の意義や実践方法をお話ししました。自分の人生や精神性を大切にする女性の林さんが俄然やる気になって、できあがったのが本書なのです。

この本は、川瀬さん、林さん、そして、フォレスト出版の杉浦彩乃さんといったアラフォー世代の賛同と協力、励ましによってつくられ、世に出ることとなりました。この素晴らしいチームに心から感謝します。

私は金融業界で30年以上働いています。米国の大学院で学んでいた頃に経験した1987年のブラックマンデーからこの時まで、いくつもの金融危機を経験してきました。そうした実戦の中で、金融を人助けのツールとして提供し、新しい時代の金融サービスを切り開いていこうというミッションを掲げてきました。その思いが形になったのが、「じぶんちポートフォリオ」です。

これから日本社会も大きく変動していきます。どんなに社会が変わろうとも、Life goes on… 明日へ明日へと人生は続いていきます。本書に示したのはあくまでもモデルポートフォリオです。みなさま一人ひとりのライフスタイルやライフステージに合わせて、本書を活用してみてください。そして、健康で充実した楽しい人生を送られることを希望します。グッドラック！

大井幸子

[著者プロフィール]
大井幸子（Sachiko Ohi）
国際金融アナリスト
株式会社SAIL　代表取締役社長
年金シニアプラン総合研究機構 理事
武蔵野大学政治経済研究所客員研究員　同大学客員教授
大阪市立大学グローバル経営特論講師

1981年慶應義塾大学法学部政治学科卒。フルブライト奨学生として米スミス・カレッジ、ジョンズ・ホプキンス大学院高等国際問題研究所留学。1987年慶應義塾大学大学院経済学研究科博士課程満期退学後、3大格付け機関のムーディーズ本社（ニューヨーク）でアナリスト、また、リーマンブラザーズ、キダー・ピーボディーにて債券調査・営業を担当。

2001年オルタナティブ投資のコンサルティング会社、Strategic Alternative Investment Logistics (SAIL), LLC（のちの株式会社SAIL）をニューヨーク市で設立。オルタナティブ投資、特にヘッジファンド専門の独立系情報提供の先駆けとなる。オルタナティブに特化したニュース、記事、講演活動、インタビュー(SAIL TV）を配信し、購読者は機関投資家および個人投資家を含め400名を超えた。2007年7月、東京に戻り、スイス大手プライベートバンクUnion Bancaire Privee (UBP) 東京支店　営業戦略取締役に就任すると同時に､SAILを一次休止し、UBP退職後、2009年より活動再開。この間、SAILもニューヨークから東京に本拠を移し、株式会社SAILとなる。

SAILでの活動の一環として、ヘッジファンドに関する著書、講演、メディア出演多数。年金関連では、モルガン・スタンレー・アセットマネジメント年金セミナー講師など、ニューヨーク「年金研究会」(JETRO主催）企画委員会メンバーとして日米でオルタナティブ投資の効用を説く。

2015年より投資助言業務を開催。分散による資産保全を目的としたポートフォリオを提供。また、金融リテラシー向上を目指し、投資教育事業を推進。
売り手だけが儲かる商品ではなく、投資家が100％利益を味わえるオルタナティブ投資を専門的にアドバイスする。暴落や相場の乱高下に左右されない、世界トップクラスに安全でハイパフォーマンスな次世代ポートフォリオを設計する第一人者。

本場ニューヨークでの圧倒的なキャリアを武器に、機関投資家ビジネスのみならず、金融初心者に対しわかりやすく教える「じぶんちポートフォリオ」を提唱。お金の寺子屋、そろばん塾のようなアットホームで丁寧な空間で、分散投資の実践を伝え、日本の金融リテラシー向上に力を注いでいる。

ウォール街での20年近いキャリアを活かし、ヘッジファンドやプライベートエクイティなどオルタナティブ資産の運用に関して論文・記事、講演、著書多数。
日米の金融、政治経済面で幅広い人脈を持ち、国際金融アナリストとして活躍中。

本書で示した意見によって読者に生じた損害、および逸失利益について、著者、発行者、発行所はいかなる責任も負いません。投資の決定は、ご自分の判断でなさるようお願いいたします。

本書では、あくまでもモデルケースとしての「じぶんちポートフォリオ」について示させていただきました。また、執筆時点での有効な情報を記載しておりますが、証券会社の自動積立設定や業務内容等について、あるいは証券取引全体の規制等について、将来変わる可能性もございます。

編集協力／林美穂
漫画／水島みき、株式会社クリアーティ（エージェント）
ブックデザイン／山田知子（chicols）
本文 DTP ／山口良二

お金を増やしたいなら、これだけやりなさい!

2018 年 10 月 1 日　初版発行

著　者　大井幸子
発行者　太田　宏
発行所　フォレスト出版株式会社
〒 162-0824　東京都新宿区揚場町 2-18　白宝ビル 5F
電話　03-5229-5750（営業）
03-5229-5757（編集）
URL　http://www.forestpub.co.jp

印刷・製本　日経印刷株式会社

ISBN978-4-86680-001-1　Printed in Japan
乱丁・落丁本はお取り替えいたします。

FREE!

『お金を増やしたいなら、
これだけやりなさい！』

無料プレゼント

1 ライフイベントでかかる費用を計算できるシート エクセルファイル

第３章で解説しているライフプランについて、
ご自身の現状に即した数字を出すことができる
オリジナルのシートです。

2 未来のキャッシュフローを予測できるシート エクセルファイル

子どもの進学、マイホームの購入など、
ライフステージごとに必要になる金額を、
資産運用の結果に照らし合わせながら
算出することができるオリジナルの
シートです。

※ご自身のライフステージ、ライフプランに
合わせてご使用ください。

**この無料プレゼントを入手するには
コチラへアクセスしてください**

http://frstp.jp/ohi

※特典は、ウェブサイト上で公開するものであり、冊子やCD・
DVDなどをお送りするものではありません。
※上記無料プレゼントのご提供は予告なく終了となる場合が
ございます。あらかじめご了承ください。